鱼桑文化的民间传说

○ 刘旭青　余连祥　吴怀民　编著

中国农业科学技术出版社

图书在版编目（CIP）数据

鱼桑文化的民间传说 / 刘旭青，余连祥，吴怀民编著. -- 北京：中国农业科学技术出版社，2022.8

ISBN 978-7-5116-5829-6

Ⅰ. ①鱼… Ⅱ. ①刘… ②余… ③吴… Ⅲ. ①民间文学－作品综合集－湖州 Ⅳ. ① I277

中国版本图书馆 CIP 数据核字（2022）第 126923 号

责任编辑　穆玉红　李美琪
责任校对　李向荣
责任印制　姜义伟　王思文

出 版 者	中国农业科学技术出版社 北京市中关村南大街 12 号　　邮编：100081
电　　话	（010）82106626（编辑室）　（010）82109702（发行部） （010）82109709（读者服务部）
传　　真	（010）82106650
网　　址	https:// castp.caas.cn
经 销 者	各地新华书店
印 刷 者	北京尚唐印刷包装有限公司
开　　本	170 mm×240 mm　1/16
印　　张	10.75
字　　数	200 千字
版　　次	2022 年 8 月第 1 版　2022 年 8 月第 1 次印刷
定　　价	68.00 元

◆◆◆ 版权所有·侵权必究 ◆◆◆

《鱼桑文化的民间传说》编委会

主　任	金佩华	闵庆文		
编　委	王　勤	李家芳	余连祥	刘旭青
	吴怀民	王　莉	韩明丽	王　瑾
	张新江	施　经	楼黎静	庞勇强
本书编者	刘旭青	余连祥	吴怀民	

目录

壹 传说故事

先蚕嫘祖娘娘……………………………………… 002

蚕花公主…………………………………………… 004

白龙和灰牛………………………………………… 008

老牛和蚕宝宝是天上来的………………………… 012

蚕王天子…………………………………………… 013

含山蚕花娘娘的传说……………………………… 015

蚕花娘娘三到含山………………………………… 018

西施送蚕花………………………………………… 020

吊龙蚕……………………………………………… 022

桑叶鸟……………………………………………… 025

白马化蚕…………………………………………… 027

黄牛化蚕…………………………………………… 029

蚕花娘子…………………………………………… 031

蚕姐妹……………………………………………… 034

龙　蚕……………………………………………… 037

二姑养蚕…………………………………………… 041

养夏蚕何时开始…………………………………… 043

蚕宝宝驮牛 …………………………………… 045
望蚕讯 ……………………………………… 046
踏筏船 ……………………………………… 048
濮 绸 ……………………………………… 051
天下第一绸 ………………………………… 053
桑树干上为啥有疤 …………………………… 054
鱼王庙的传说 ………………………………… 056
太湖孝子鱼 …………………………………… 058
乌龟的传说 …………………………………… 060
水元宝——菱的传说（三则） ……………… 062
鱼簖的来历 …………………………………… 068
渔夫和龙女 …………………………………… 070
田螺姑娘 ……………………………………… 072
虾与蟹 ………………………………………… 074
乌龟背上花纹的来历 ………………………… 076
杨俊成首养"四大家鱼" …………………… 078
乌金子与鱼汤饭 ……………………………… 080

贰 歌谣类

龙蚕娘 ………………………………………… 084
湖丝阿姐真苦恼 ……………………………… 086
送丧十二个绵兜 ……………………………… 087

呼蚕花（一）	090
呼蚕花（二）	090
马鸣王赞	092
蚕花谣	094
扫蚕花地（一）	096
扫蚕花地（二）	100
伴扫地	101
包公夸桑枝	104
采桑歌	105
四月天	106
养蚕忙	106
扫蚕花	107
撒蚕花	108
接蚕花	109
赞蚕花	110
经蚕肚肠	111
讨蚕花	112
马明王	113
蚕花歌	117
蚕花经	122
蚕花书	124
懒蚕娘	130
渔歌（一）	131

渔歌（二）……………………………………… 133
鱼虾故事歌……………………………………… 133
渔民苦…………………………………………… 134
摇船过太湖……………………………………… 135
打鱼歌…………………………………………… 136

叁 谚语类

湖州蚕桑谚……………………………………… 140
嘉兴蚕桑谚……………………………………… 146
湖州渔谚………………………………………… 148
嘉兴渔谚………………………………………… 155
渔业歇后语……………………………………… 156
渔业顺口溜……………………………………… 160

传说故事

先蚕嫘祖娘娘

传说,远古时候,轩辕黄帝和元妃西陵氏嫘祖,有一天在花园边饮薄荷汤,边聊天。时当初夏季节,突然一阵清风吹过,从围墙外吹来一个雪白的小东西,奇奇巧巧*,不偏不倚"噗"的一声掉落在嫘祖的碗盏内。嫘祖仔细一看,只见一个白蒲枣形的茧子在碗盏内浮氽浮氽的,甚是奇怪,仔细观察了一会儿,就随手把茧子撮了起来。因为碗盏里的水是宫女刚刚新倒的滚水,茧子有点烫手,嫘祖手一松,又"噗"的一声回落到薄荷汤里。嫘祖这回当心起来,用手指轻轻一撮,又把茧撮起来;不经意指尖一钩,钩出一根丝来;嫘祖好奇地把丝一抽,越抽越长,她索性把丝头绕在手指上,随抽随绕,待茧子的丝全被抽完,发现里面是一个赤黄色的蚕蛹。嫘祖看看手指头上这雪白色的丝,又看看这赤黄色的蚕蛹,心头一亮:"要是把这蚕丝如麻纱一样织起来,是不是可以做衣料呢?现有的这蚕蛹是不是可以用来发种养蚕呢?"

嫘祖立即把自己的想法讲给黄帝听。黄帝听了,夸奖嫘祖想出了好主意。

接着,嫘祖带了几个宫女,到围墙外去查看这蚕茧的来历。围墙外有好几棵桑树,只见桑树上有不少蚕虫在活动,有的正仰首忙着吃桑叶,有的如小拇指长短、浑身透亮的正在桑叶上睡觉,有的则在桑枝叶柄处昂首吐丝、东绕西缠地做茧;还有一些桑枝上已经结茧,星星点点,雪白耀眼,十分好看。

从此,嫘祖每天早晚都来到这里认真观察,并把厚实的茧摘回宫中。没

---

* 奇奇巧巧,地方口语,意为"恰好、正好"的意思。本书作为吴方言区民间传说,口语化表述较多,为了保持原故事的趣味性和形象化,本书中保留了民间故事中的地方口语等表述方式,全书同。

过几天，早采的茧钻出了蛾子，还产下了子。后来，嫘祖采茧三四天后就用滚水泡，边泡、边抽丝，还用自制的竹轴抽丝、绕丝；然后用织麻布的方法，细心织造，最后终于织出了世界上第一块丝绸。

嫘祖在宫女的簇拥下，亲自捧着新织的丝绸献给黄帝。黄帝看看、摸摸，不禁竖起大拇指赞叹道："这丝绸又轻、又薄、又柔软、又光彩，甚好甚好。"

嫘祖开心极了，立即付诸行动，和宫女一起把种桑、育种、饲养、上山、下茧、缫丝、织绸的一道道门路摸熟；然后，又把附近农村的姑嫂们召进宫，一起养蚕，并把一整套养蚕、缫丝、织绸的知识、手艺传授到民间。

由于嫘祖教民养蚕，为民造福，后人都尊奉她为"先蚕""蚕神""嫘祖娘娘"。

剪纸《嫘祖始蚕》

浙江湖州自古就有奉祀蚕神的习俗。明嘉靖四年（1525年），抚浙中丞以浙西杭州、嘉兴、湖州三府人民重蚕桑，建庙在东岳宫（今益民路），叫"蚕神庙"，供奉嫘祖娘娘，相传庙内香火很盛。

讲述者：沈菱湖

采录者：徐寿庚　何村民

蚕花公主

俗话说："清明大如年"。清明节前夕，含山一带的老百姓都在忙着淘糯米、裹粽子，好不热闹。可是，居住在含山脚下武员外家的女儿蚕花公主，此刻却双眉紧锁，满腹心事。

原来公主的父亲武员外前天率兵去新市打仗。刚才，父亲手下的一名士兵飞马前来报告战场情况，那战士遍体鳞伤，见了公主只断断续续地说了句："员外……被围，快……快救……"就倒地死去了。

蚕花公主恨不得自己骑上战马去营救父亲，但毕竟是个女子，手下又无兵将，如何营救得了？蚕花公主想到焦躁处，不由得手掌猛击桌面，桌上的笔、砚都被震起有二三尺高。眼看跳起的笔、砚，蚕花公主灵机一动，心生一条营救之计。她立即铺开纸张，提起羊毫，饱蘸浓墨写了起来：

"吾父被围新市，谁能救吾父出险境，妾身即愿许配谁。"

告示写好后，她立即叫丫鬟小青贴在山塘桥西块的茶馆正门上。时隔不久，忽然从东面白马塘上奔来一匹白驹马，来到茶馆门口，张嘴揭下告示，然后向新市方向飞奔而去。

已过中午时分，蚕花公主仍无心用餐，双眼望着新市方向。突然，远处一匹白驹马驮着一人奔驰而来。渐渐地人马来到近前，蚕花公主一看端坐马背之人，不禁喜出望外："啊，爹爹，你可平安回来了。"此时再看那匹白驹马，嘴里还含着那张告示，两眼闪着光亮，直直地看着公主。公主明白了，上前用手抚摸着白驹马汗湿的鬃毛，以告诉白驹马自己无上的感激之情。

蚕花公主扶爹爹进内室坐定，武员外开口把事情经过告诉女儿：

"奇事啊，真乃千古奇事啊。这次我被围新市，手下人马死伤惨重，我以为自己身陷绝境，再也见不到女儿你了。哪成想突然一匹骏马冲到我面前，卧伏在地，于是我急忙跨上马背，那骏马驮着我疾驰如飞，一眨眼就冲出重围，来到家中。你道奇也不奇？真要好好感谢这匹救命恩马啊！"

公主一听，知道父亲还不知告示之事，于是取出告示：

"爹爹请看！"

"这是什么？"

"这是孩儿刚从那匹白驹马的嘴里取下来的。"

武员外接过告示，展开一看，大吃一惊："怎么，这是你写的吗？"

"是的，爹爹。"

"怎么？你竟敢自己将终身随便相许，这成何体统？"父亲大怒。

"请爹爹宽恕，孩儿救父心切，一时也就顾不得许多了。"

"那么，如今揭告示的是一匹马，你说该怎么办？"

"爹爹，为人须讲信义，女儿不敢自食其言。"

"什么？你要和一匹畜牲成亲？荒唐，岂有此理！"

武员外大发雷霆："不行，为父决不能依你。"

蚕花公主见父亲不答应，不由得流下了眼泪，双膝跪下："爹爹，女儿当初为救父亲，许下了诺言，也未曾料到救父者竟会是一匹马。如今，事已至此，女儿虽知人畜有别，不能婚配，但一言之出，驷马难追。况且那白马救父之恩恩重如山，决不能欺它不会人语而负之。女儿主意已定，此身决不再嫁，愿陪伴白马终身，绝不反悔。"

女儿的哭告，扰得武员外心烦意乱。此刻，那白驹马的救命之恩，早被他抛至脑后，心里只想着如何摆脱这件荒唐的婚事。不久，武员外开口了：

"好吧，婚姻大事不可草率从事，待为父慢慢操持。女儿近来心神交瘁，明日在闺房养息一天，不必出门。"

"万望爹爹不要亏待了孩儿的白马。"说完，蚕花公主就悲戚地回闺房去了。

第二天正是清明节，武员外家张灯结彩，十分热闹，原来武员外已在为白驹马张罗婚礼。只见大厅当中，那匹白驹马卧伏在地。一会儿，新娘蒙着盖头被人扶至堂前，正要与白马成亲拜堂之时，突然那白马长啸一声，跃然而起，用前蹄踢下新娘的盖头。原来那新娘不是蚕花公主，而是家里的丫鬟小青，这是武员外施的"偷梁换柱"之计啊。

那匹受骗的白马，此刻如疯了一般，狂奔乱跳，狠狠地对准丫鬟冲撞过去，可怜的丫鬟小青一命呜呼。这时，武员外见计败露，火冒三丈，操起刀就向白马刺去，正中白马腹部，白驹马哀鸣一声，倒地死去。

而此时被父亲关在闺房的蚕花公主，听到堂前一片闹闹嚷嚷之声，也是焦躁不安，深感事情不妙。后闻知白驹马惨遭杀害，公主又悲又恨，悲的是自己蒙白马之恩未报，反使其遭杀害；恨的是爹爹心肠太狠，下此毒手。公主一气之下，在房中撞壁自尽。后来，家人们把那匹白马和蚕花公主分别安葬在含山顶上。

时隔两月，含山顶上出了一件奇事：只见公主的坟上长出一棵树，树身矮矮的，树叶青翠而又肥大；而白马的坟上出现了许多小虫，这些小虫慢慢地都爬到对面的树上去，吃起树叶来。它们吃得累了，就睡一会，醒来后蜕一层壳，又吃起来。如此重复几回，小虫慢慢长大，样子变得非常可爱，通体洁白，身上还印着一个个马蹄形的花纹。小虫长到有寸把长时，便不断从嘴里吐出银白色的细长的丝，边吐边绕；没几天，小虫便把自己围在里边，做成了一个长圆形、腰身微凹的东西，样子就像是一个缩小的冬瓜。又过了一段时间，小虫都变成了一只只飞蛾，咬破那围住自己的外壳，飞了出来。它们都成双成对的，在含山上空飞来飞去……

当地的老百姓猜测，这飞蛾就是蚕花公主和白驹马的化身，要不，那虫身上怎会印有马蹄印花纹？于是，当地的人们为了纪念奋勇救人的白驹马和情重如山的蚕花公主，就把这些虫叫作"蚕宝宝"，把这树叫作"桑（双）树"，把这长圆形的东西叫作"茧（驹）子。"这时，有人梦见蚕花公主对他说：茧子可以抽丝织绸，缝衣御寒……，就照着做了起来，果然织出了柔软、漂亮的绸缎。从那时起，含山一带就开始养蚕，慢慢地传遍了整个江南水乡，后又慢慢传至远方。

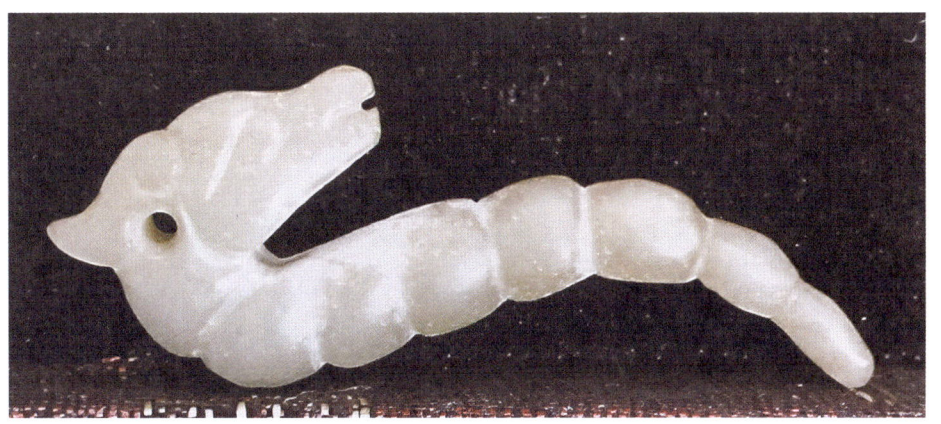

马头玉蚕

人们为了感激蚕花公主和白驹马的恩赐,大家捐款在含山顶上建起了一座蚕花殿,殿内精心雕塑了一尊蚕花公主的像和一匹白马像,白马就倚靠在蚕花公主的身旁。从此,每逢清明佳节,远远近近的蚕农都要来含山朝拜蚕花公主,以祈祷蚕花丰收、生活富足。

讲述者:钟岩亭

采录者:徐建新　史云峰　姚坤源

白龙和灰牛

从前,白龙大仙和灰牛大仙,在南天门外白云墀边看门。说是看门,其实是清闲差使。南天门是天庭正门入口,妖魔鬼怪哪个上得去?两位大仙闲得没事干,天天打瞌睡、聊闲天。有一天,白龙大仙看南天门门上、墙上,积了不少灰尘,甚是不爽,就对灰牛大仙说:"瞧,灰尘真多,冲洗下吧。"

灰牛大仙睡眼蒙眬地说:"别管闲事,这是拂尘仙子的事!"

白龙大仙说:"哼!那些拂尘仙子,尽在王母娘娘那里拍马屁。她们只要把王母娘娘那里弄清爽了,就是玉皇大帝宝座上积了灰尘也奈何不了她们!"

灰牛大仙说:"是嘛,所以你管它灰尘不灰尘!"说着,灰牛大仙打了个哈欠,就呼呼睡大觉了。

可白龙大仙主意已定,腾起云来,顷刻到天河吸了一肚子水,两个鼻孔立马喷出两道白虹似的清水,对着南天门门上、墙上、上上下下,左左右右,仔细地冲洗起来。

等灰牛大仙醒来一看,门上墙上,明光锃亮,清清爽爽,就说:"白龙大仙,你真是做了件好事!"

白龙大仙说:"闲着没事,稍微试了一下腾云喷雨的小本领呐!"

两位大仙都感到非常舒畅,精神了许多。

这时,一群拂尘仙子驾着五彩祥云,手拿飘飘拂拂的拂尘来了。她们一见南天门明光锃亮,清清爽爽,开始都很高兴。后来一个眉毛高挑的仙首和诸位仙子耳语了一阵,就尖着嗓门生气地问:"谁弄得这样湿?"

白龙大仙就把自己干的事讲了一遍。灰牛大仙也插嘴说:"白龙大仙真帮了你们的忙啊!"

"帮忙？"那个眉毛高挑的仙首说："天庭天条，各司各职！白龙大仙，你犯了天条！"

说着，眼睛一瞪，拂尘一扬，列位拂尘仙子都随她驾着彩云走了。

灰牛大仙说："真蛮不讲理！"

白龙大仙说："随她去！我行好事招不了罪。"

谁知拂尘仙首到王母娘娘那里告了一状，王母娘娘对玉皇大帝讲了几句，顷刻大祸临头了。玉皇大帝叫太上老君来惩办白龙大仙。

太上老君一落云头，开口就骂："孽畜！你竟胆敢违反天庭天条，私自行雨。我奉玉皇圣旨，罚你变身变形。"

白龙大仙正想辩白，太上老君啐声："变！"就口中念念有词，作起法来。

白龙大仙自听到一个"变"字，就感到浑身抽筋拔骨、撕心裂肺的疼，直疼得发抖、打滚、嚎叫。过了一会，白龙大仙就变成了一条巨大的天虫，既没有角，也没有鳞，但浑身还是洁白如玉。

太上老君气势汹汹地说："天虫听令，从此罚你上天桑。五千年吃叶，一千年吐丝，六千年歇一回。"

说着用长长的小拇指指甲轻轻一挑，把天虫挑到了天桑上，离南天门有3000里*路。这样白龙大仙和灰牛大仙就天各一方了。

为了这件天大的冤案，灰牛大仙愤愤不平，可又无计可施。要是多嘴多舌，说不定也会大祸临头。

白龙大仙虽说被太上老君施展法力变成了天虫，但毕竟是神仙，它清清楚楚记得从前的一切。它成天趴在天桑上，常常暗地里叹气，叫"冤"；可也没有别的办法，这天桑，树高有一千丈，树冠有六万里围沿，天虫只在下层吃一部分桑叶。

有一天，天虫想到下面去散散心，就爬呀爬，一直爬到大丫杈边。哈！原来这桑干的中间是空的！从空洞里望下去，就是人间地面了！只见那里山青水绿，人烟稠密；隐隐听得见人声喧语，鸡鸣犬吠。天虫看了非常羡慕。

从此，天虫气闷时就爬到通地洞边去散散心。渐渐地，天虫看清了那些

---

* "里"为民间俗语，指路程。1里=0.5千米，全书同。

人间世事。其中有两件事很不称心：一是凡间的人力气小，用铁耙掘田很慢、很吃力；二是人间都穿麻布、棉布做的衣服，没有天庭的丝绸。天虫心想："男耕女织是人间两件大事，要是我同灰牛大仙一同下凡，他帮耕田，我帮吐丝，岂不大好？"

怎样告诉灰牛大仙呢？天虫一盘算，灰牛大仙每过三万六千年要休息一千年。三万年过去了，还有六千年该休息了。到那时，灰牛大仙一定来看望我，我到时候就把这个计划讲给他听，邀约他一同下凡。

天虫又吃了五千年桑叶，吐了一千年丝，吐出的丝像夏天的白云那样一团团一堆堆装满了天库。这天，灰牛大仙果然来看天虫了。一别万年又相逢，俩人异常激动，同时也不免气闷白龙大仙吃的这冤枉亏。

天虫左看看右瞧瞧，四周没有旁的神仙，就把自己打算约灰牛大仙下凡的计划详细讲了一遍。

老实而又胆小的灰牛大仙说："好是好，就怕玉皇大帝不准许！"

天虫轻声说："下凡原本是私自下的，哪管他玉皇不玉皇。"

"那又怎样下凡呢？"

天虫又如此这般讲了一遍。

灰牛大仙脚一跺，头一点，说："好，照你的办。"

天虫就衔来两包天桑种子塞进灰牛大仙的耳朵里，又叫灰牛大仙轻轻地站到自己身上，接着就腾起云头，驮着灰牛大仙上了天桑大丫杈边，从通地洞里飞了下去。

飞呀飞，飞了三万三千年才到人间地面，天虫从灰牛大仙的耳朵中取出天桑的种子，撒播到平原和山丘。天虫又立刻做了一个大茧，后来茧里飞出了一只大蛾，这时桑树已经成林。大飞蛾就在树干树枝上产子，第一批乌蚁出来了，它们在桑树上吃叶、长大、休眠、做茧……人们看到了，又惊又喜，说是天上掉下来的宝贝，就取名叫"蚕"，意思是天上来的虫。因为蚕对人们的好处太多太大，人们又叫它们"蚕宝宝"。而那只大飞蛾后来就变成了蚕花娘娘。至于灰牛大仙，到地上后养了一对小牛，这就是牛的祖先，灰牛大仙自己就变成了牛神爷爷。如今的耕牛，就活像是天上的灰牛大仙。

你若是不信，还有凭证呢。你看，蚕宝宝头顶和后尾各有两个褐色的斑点，这是当年灰牛大仙踏着天虫下凡时留下的脚迹。还有，桑树一老，树干就空，这不是同天桑一样的吗？

绿松石蚕

从此，在人间，男耕有了牛的帮助；女织有了蚕吐的好丝，这都是白龙大仙和灰牛大仙的功德啊！

讲述者：孙长生

采录者：钟伟今

老牛和蚕宝宝是天上来的

相传，老牛与蚕宝宝都住在天上，专门给玉皇大帝做事。凡间田地上没有杂草，老百姓种下庄稼，到了时节，只管收割，从来不除草。老百姓生活得相当快活，天上一些不安分的仙子非常眼热凡间老百姓的日子，常常偷偷下凡。玉帝因此事暴怒，传令老牛打开南天门，把一袋草洒三分之一到凡间。老牛一时粗心，竟把整袋草籽都洒到凡间。呵，这一记可害苦了老百姓，他们起早摸黑地削草，削了又生，生了又削，削也削不光，老百姓真叫苦极！

玉皇大帝知晓后，怪老牛做事太粗心，就罚他下凡帮老百姓削草，老牛想不通，不愿下凡，去问鹤仙老人："到凡间去，我吃啥、喝啥呢？"鹤仙老人讲："你到凡间，可吃田草，喝塘水。"老牛一听，"哦，吃甜草，喝糖水，想不到到凡间还能如此享福！"老牛高兴极了，就决定下凡。可是他不愿走路，鹤仙老人就叫蚕宝宝背着老牛一同到凡间去。蚕宝宝长得又矮又胖，老牛长得又高又壮，蚕宝宝背着老牛，背着、背着，就背不动了。他叫老牛下来自己走，老牛不肯，蚕宝宝气极了，用力一记掼，把老牛从半空中掼到人间大地上，当场掉落两颗当门牙。

老牛和蚕宝宝就这样子来到了人间。一直以来老牛都是吃着田里的草，喝着塘里的水，实在是老牛听错了，吃的不是甜草，喝的不是糖水。不管哪头牛，你掰开嘴巴看一看，都没有两颗当门牙。蚕宝宝身上也还留着当年背老牛下凡时踩下的四个脚印。

甲骨文蚕

讲述者：季桂芝

采录者：汪世英

蚕王天子

早先,蚕是条龙,龙蚕是天上的东西,人间原先是没有的。没有龙蚕就没有丝,没衣裳。人间的百姓就只好摘些树叶遮身。

后来人间出了个蚕王天子,蚕王天子到底叫啥名字,谁也不晓得。只晓得他有三头六臂,还有一头会飞的牛。蚕王天子听人讲:"天上有龙蚕,龙蚕会吐丝,吐出的丝可以织布做衣裳。"就骑着牛飞到天上去寻。

天上有一棵无权枝的大树,树边住着一条龙一样的东西,浑身雪白雪白的,头上有一对角,身上有两只翅膀,昂起头在吐丝。蚕王天子想:"这一定是龙蚕了。"这龙蚕可真大呀,汗毛凛凛,像一根蛮大的廊柱。

蚕王天子立马跳下牛去,把龙蚕抱了起来,哪晓得抱起了龙蚕上不了牛,叫牛驮起龙蚕又坐不下自己。蚕王天子心中一急,"啪"地放下龙蚕,叫牛立在龙蚕的背上,自己又"噌"地跳在牛的背上。龙蚕被压得极痛吃不消,伸展开翅膀就飞。牛越压越重,龙蚕越飞越低,慢慢地落到人间,嫩花花的龙蚕背被牛踩出好几个黑赤赤的脚印。到现在,龙蚕的子孙身上还留着牛脚的印记。

龙蚕飞到人间又饿又累,昂着头,张着嘴巴。蚕王天子摘来许许多多的柞树叶子,龙蚕拼死拼活地吃了七日七夜,吃得睡了两三次,脱了几身皮。正值人间寒冬时刻冷冻冻的,龙蚕被冻得角缩进头里,翅膀缩进肚皮里,

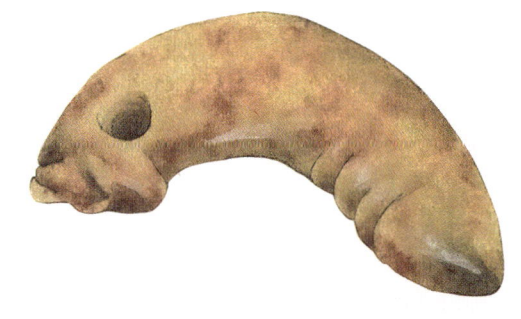

玉蚕

身子也缩进交关。这还不顶用，还是冷呀，龙蚕就吐丝，把吐出的丝全部绕在自己身上，绕成了一个圆滚滚的东西。这圆滚滚的东西就是茧，茧好抽丝，抽出丝来就可以做衣裳。人间的人感激蚕王，就叫蚕王天子做了自己的首领。

讲述者：程金和

采录者：钟　铭　丁曰林

含山蚕花娘娘的传说

从前,练市含山观音庙里有座蚕花殿,殿里有一尊骑马的菩萨,姿容端丽、和善,就是蚕花娘娘。她是管蚕桑的菩萨,香火很旺。

很久之前,含山脚下有个"幸福村",村东有个名叫"蚕姑"的小姑娘,貌似天仙,勤劳善良又聪明,小小年纪便有一手编织绝活。几根稻草,几枝麦秆,一经她的手,编只鸟儿会唱歌,编只鸭儿会戏水,编只蝴蝶能翩翩飞舞。

但是在蚕姑很小的时候,母亲便扔下她和弟弟俩人离开了人间。不久,父亲又娶了"填房"。这位后娘刚来时还好,可后来生了个女儿,取名"宝珠",又丑又懒又呆,后娘还是把她当作宝贝心肝,这倒也不奇怪。但后娘却把蚕姑姐弟俩看成"眼中钉,肉中刺",百般折磨。只有当蚕姑父亲回家,后娘才会装出一副慈母的样子。父亲常在外边,蚕姑姐弟俩就这样在水深火热里煎熬着。

有一年冬天,寒风凛冽,鹅毛大雪下个不停,天渐渐暗下来,父亲还没回家,姐弟俩眼巴巴地向门外望着。突然,后娘拿出两个竹筐,冷冷地说:"羊草吃完了,你们两个快割草去,割不满两筐,不要回来见我!"

蚕姑知道没有办法让这个狠心的后娘回心转意,就对后娘说:"两筐羊草我一定去割回来,弟弟太小,就留在家里。"说着,挑起箩筐就走。

蚕姑刚一跨出门槛,一阵狂风向她袭来,她一个哆嗦,差点倒下。蚕姑咬咬牙,仍一步一步向前走去。

寒冬腊月,白雪铺地,山下哪还有什么草?蚕姑只得往山上爬,衣服扯破了,膝盖磕破了,鲜血从指缝里流下来,可两只竹筐还是空空的。她焦急地向山上观看，发现半山腰一棵老松树下面，积雪已经融化，影影绰绰，露出一片青蓁蓁的原色，蚕姑顾不得饥寒，急忙奔过去，一不小心，摔倒了。正在这时，奇迹出现了！一朵青云从天而降，把蚕姑从地上轻轻托起，徐徐升向天空。

云烟渐渐散了。眼前是一排排蚕姑从未见过的碧玉巨树，遍地是五颜六色的鲜花。蚕姑惊讶不已。正在这时，迎面走来一位彩袖飘飘的少女，蚕姑问："这是什么地方，我怎么会到此地来？"

那少女笑眯眯地说："这里是玉皇大帝的后花园。玉皇大帝得知你善良聪明又勤劳，眼下又遭苦难，所以让雾仙把你接到天宫，来管理后花园呐！"

从此，蚕姑就在后花园住了下来，蚕姑同一群天真无邪的小仙子一起，不知不觉间，已为玉帝管了一年园子。这一年里，蚕姑不仅把园子管得井井有条，而且学会了饲养天蚕，从孵种、喂叶、缫丝到纺织，样样精通。虽然天宫生活十分舒适，但是善良的蚕姑想到人间还没有蚕桑，家乡人民穿的还是十分粗糙的衣服，就决心重返人间，把蚕种、桑秧和一套纺织技术带给家乡人民。

蚕姑把自己的想法悄悄地告诉众仙女，众仙女纷纷警告她："天规严厉，凡私自把蚕种、桑秧带出天宫者，一律要罚其变成一个马面人身的死尸！"但是，蚕姑想到人间，想到家乡，流着眼泪说："即使粉身碎骨，我也一定要把蚕种、桑秧带到人间！"众仙子被感动了，想了个办法瞒过守门神，让蚕姑带着桑秧、蚕种驾起青云一朵，飘飘荡荡，重返人间。

可是当蚕姑来到家乡时，人间已三百多年过去了。弟弟、爸爸、后娘、宝珠早已不在。

蚕姑知道时间紧迫，就马上开始工作，种桑、孵种……一刻也不停歇。

这天中午，蚕姑正在教人织绸，突然晴天霹雳，一把带火的铁锤从天而降，刹那间，蚕姑变成一具马面人身的死尸！

人们为了赞颂蚕姑的献身精神，为了让世人永远牢记蚕姑的功德，特意在观音庙为蚕姑建了一座蚕花殿，并塑造了尊骑马的蚕姑神像。当地人民就叫她"蚕花娘娘"，也有人叫她"马鸣王菩萨"，并定清明节为祭祀日。

皮影蚕花戏《马鸣王菩萨》

直到现在，虽然那座庙早已毁于日本侵略者之手，但是每到清明这一日，四面八方的乡亲成群结队会聚此地，人山人海，热闹非凡。划船打拳，调龙灯，轧蚕花，祈求蚕花有个好收成。

讲述者：孟大福
采录者：孟晔桦

蚕花娘娘三到含山

清明游含山,是古老的风俗。从前,游含山的农民背上都背个红绵绸包,包里包着蚕种,因此得名"蚕种包"。人们清明游含山,就是为了这个蚕种包;同时,游含山的时候,还一定要买几朵蚕花带回家去。

之所以有这样的风俗,是源于一个传说,观音菩萨每年要派蚕花娘娘到蚕区来巡视,为百姓消灾赐福。有一年清明日,观音菩萨派了蚕花娘娘来到含山。蚕花娘娘脚踏祥云,来到含山上空,看见山上香烟袅袅,听见庙内祷告声声。蚕花娘娘落下祥云,变成身穿红衫乌裙,脚穿红鞋的村妇,来到山上观音庙中。只见众多善男信女,上香磕头,祈祷观音菩萨保佑他们蚕花十二分。看此景,蚕花娘娘大发善心,走上前去,将人们一一扶起,边扶边说:"观音菩萨已经知道大家的心愿,今年的蚕花你们一定得廿四分。"果然,这年凡经蚕花娘娘扶过的蚕农,都得了蚕花廿四分。这是因为蚕花娘娘满身蚕气,被她扶过的人也染上了蚕气,蚕茧自然获得好丰收。消息一传开,蚕农们都说,清明日扶蚕农的人一定是观音菩萨。

转眼已是第二年清明,含山方圆几十里的蚕农,都上了含山,背上都背个红绵绸蚕种包,都想让观音菩萨扶一扶身子,祈求得蚕花廿四分。

这一天,蚕花娘娘真的又来了。她在云中低头一望,庙内庙外,山上山下,还有四面八方的旱路、水路的人都源源涌向含山。她想,这么多人,哪能个个都扶到?眉头一皱,计上心来。她变作一位当地打扮的姑娘,上山又下山,绕山几十遍,只为把蚕气留在含山,让游含山的人都染上蚕气。不过,谁知这一年,虽然很多人家获得蚕花廿四分,但还是有不少人家蚕花平平。蚕花娘娘觉得十分奇怪,原因何在呢?蚕花娘娘一想:"哦!含山这么大,我的双脚哪能踏遍每一寸土地呢？"绞尽脑汁想呀想，她终于想出一个散布蚕花喜气的好办法。

第三年清明日，蚕花娘娘扮作卖花姑娘，挽着一篮蚕花，在含山上叫卖，叫卖声又甜又脆，一下子引来了很多蚕农。大家一看这姑娘漂亮非凡，而蚕花又做得那么漂亮可爱，五颜六色，让人眼花缭乱！于是大家争先抢购。奇怪的是，成群结队成百上千的人来买蚕花，这姑娘提篮中的蚕花永远卖不完。蚕农买了这些蚕花，放在家里，一到掸蚕时，就将蚕花插在蚕匾上，以祝蚕花能得廿四分。果然，这一年凡是买了蚕花的蚕农家里都得到了蚕花廿四分。从此，买蚕花的风俗就流传了下来！

蚕花娘娘三次来含山，从此清明游含山的蚕农越来越多，后来这里人山人海，又行出"轧蚕花"的风俗。

剪纸《送蚕花》

讲述者：徐阿毛

采录者：费三多

西施送蚕花

春秋时期,西施美人被选中进献给吴王夫差,起程远嫁吴国时,越王勾践的相国范蠡,亲自相送。相传范蠡奉命到民间挑选美女,选中西施,便与西施情投意合。早在西施故乡诸暨苎萝山结发石上,立下山盟海誓,永结同心。后来西施进了越宫,范蠡亲自教她歌舞、礼仪和琴棋书画,两人更是心心相印。此番范蠡相送,一送送到接近吴越边疆的一座小山岭上。俗话说:"送君千里,终须一别。"范蠡勒转辔头,催马南回。西施在马背上望着范蠡远去的身影,又望着即将离开生养自己的故国河山,不知不觉中,眼泪"噗噜噜"地滚了下来!

这时,山坡下的桑林里,涌出一群采桑姑娘,头挽双丫乌丝髻,身穿白布大襟衫,腰围蓝纱素花裙,体轻如飞燕展翅,快活似喜鹊噪群。姑娘们一个个笑盈盈围聚在西施的马前,西施美人不由大吃一惊!看,这群采桑姑娘,面庞红润如朝霞,眼珠明亮像晓星,媚人的笑靥如牡丹,俊秀的眉毛像剑兰。西施心想:"人人说我西施美,我看这里的姑娘胜西施!"西施忘记了离愁别恨,朝这群采桑姑娘微微一笑,便翻身下马,吩咐随行的侍女,把檀香木镂成的小花篮递来。西施手托花篮,把绚丽多彩的绢花分送给采桑姑娘们,先拔一朵嫩黄的腊梅花,再拔一朵艳红的蔷薇花,粉朱芙蓉绿牡丹,百合陪伴水仙开,胭脂千年红,芝兰十里香……一个姑娘一朵花,西施那檀香花篮里的绢花一一分完了,可是还有一个姑娘没有花。西施素手一抬,便把自己头上那朵玉蝶九香兰拔了下来,又亲手给这位姑娘戴在头上。

西施一数,不多不少,正好十二个姑娘,便笑眯眯地说:"十二位姑娘十二朵花,十二分蚕花到农家!"

说得姑娘们眉飞色舞，心花怒放。

姑娘们你看看我头上的花，我看看你头上的花，想不到西施美人待人这样亲热随和，心好意好，她们笑得更甜更美了。但是一看西施发髻上连一朵花也没有了，那可不成啊！她们正在着急，忽然微风送来一阵清雅的馨香，沁人心脾。众姐妹寻香看去，只见不远的岩石边，在一丛兰花中，正挺伸出一茎苞，渐渐长，渐渐大，渐渐展开花瓣，吐出花冠……那位接受西施赠送玉蝶九香兰的姑娘，三步并作两步上前抢去，把这朵神奇的兰花采了下来，大家细看发现，与西施头上拔下来的那朵玉蝶九香兰一模一样。那位姑娘就把这朵不寻常的兰花，恭恭敬敬地献给了西施。

剪纸蚕花廿四分

西施高高兴兴地把这朵异香扑鼻的神奇兰花戴在自己头上。有着淡雅花姿、清馨香味的兰花，原是西施最喜爱的花朵。童年的时候，父亲砍柴回来，常给她带来三五朵兰花，她也爱戴一朵在小发髻上，其余的分送给邻近的姐妹。

西施含笑谢过送花的姑娘，便重新提裙跨马，依依不舍地缓辔下岭。下岭之后，西施从马背上回过头来，见十二位美娇娘还伫立在山岭上，向她连连招手，便朗声说道："多谢众姐妹，祝你们今年蚕花十二分！年年岁岁蚕花十二分！"

说着，西施扬鞭催马，与护送她的人马一起，奔向吴国……

从此，养蚕姑娘个个头插蚕花，这是西施美人亲手送花传下来的乡风。"蚕花十二分"，至今还是杭嘉湖地区人民祝愿蚕桑丰收的颂辞。

这个西施送蚕花的小山岭，就是现在德清东门外螯山西边的离山（也叫"连山"）。因为西施驻马送蚕花，所以又叫"西施驻马岭"。

讲述者：姚德虎

采录者：钟伟今

吊龙蚕

从前，妯娌俩养蚕。

嫂嫂娘家是蚕区，养蚕很有经验；弟媳是才过门的新媳妇，娘家在深山，没养过蚕。

嫂嫂养一张蚕种，弟媳也养一张蚕种。

弟媳说："嫂嫂呀，我不懂养蚕，你要好好教教我呐！"嫂嫂说："妹妹呀，一家人不说两家话，这个你就不要担心啦！"

弟媳心里想：嫂嫂真好呀！嫂嫂心里想："哼！我来教你？"

陌上的桑叶青葱葱了！浴种的日子到啦！

弟媳欢欢喜喜地问："嫂嫂呀，浴种怎样个浴法？"

嫂嫂乌珠一转，坏主意跳上了舌尖："妹妹呐，这好办，你烧一盆滚水，拿蚕种在滚水里浸几浸，就好啦！"

弟媳是个痴心眼的人，对嫂嫂是一百个相信："喔！我懂了！谢谢好嫂嫂。"

弟媳真的烧了一盆滚水，手指撮着蚕种角，往滚水里浸了几浸，就实心实意地盼望掸乌蚁啦！

掸乌蚁的日子到啦！嫂嫂的蚕种乌蚁出得齐又多。嫂嫂开心地哼起了小调。弟媳的蚕种就只是浴种时手指撮着的地方出了一个乌蚁，不过一个也是好的，弟媳也开心地哼起了山歌。

嫂嫂养蚕在东房间，她听弟媳哼山歌，心里暗自好笑："世上呆子见千见万，没见过我家这个弟媳！"

弟媳养蚕在西房间，她听嫂嫂哼小调，心里暗自高兴："人说嫂嫂心眼坏，我看嫂嫂没坏心!"

　　从此,嫂嫂采叶,弟媳也采叶。嫂嫂切叶,弟媳也切叶。嫂嫂喂蚕,妹妹也喂蚕。妯娌俩夜以继日地忙碌。头眠、二眠、三眠,蚕宝宝越来越大。嫂嫂看看自己的蚕宝宝,密密麻麻、白白胖胖,从来没有这样好过,心里喜滋滋、甜蜜蜜,再想想傻弟媳,蚕罢一场空,公婆白眼,邻居笑话,更是高兴,不觉笑弯了眉毛,笑眯了眼。嫂嫂听听自己的蚕宝宝吃叶,沙沙沙……像是春雨在洒。但她又侧耳一听,隔壁弟媳的蚕室里,沙沙沙……也像是春雨在洒。她心里犯了疑:"一个蚕宝宝为啥吃叶声这样响?"她便蹑手蹑脚地走拢灰壁,从一个破洞里偷偷地看弟媳的蚕室。唷!一个手臂样粗,扁担样长,月亮般亮的大蚕宝宝,正在沙沙地吃叶呢。傻弟媳正笑眯眯地守着这个大蚕宝宝。这下真把嫂嫂气疯啦!

　　狠心的嫂嫂呀,一心想戳死大蚕宝宝,可是傻弟媳一直笑眯眯地守着,不好下手。她咬着牙,等啊等。夜深了,弟媳抚了抚大蚕宝宝,轻轻地说:"宝宝乖,我睡觉去啦!"这才笑盈盈地走开。

　　等弟媳走了一会儿,嫂嫂掣起一把羊叶叉,将灰壁的破洞掏大些,把羊叶叉对准大蚕宝宝猛地戳去!蚕宝宝又不会呼叫,只挣扎了几下就死啦!戳死了大蚕宝宝,她想:"明天看好戏吧!"便笑吟吟地睡觉去了。

　　第二天一早,嫂嫂到自己的蚕室里一看,呆啦!这密密麻麻、白白胖胖

青铜蚕

的蚕宝宝全都不见影踪啦!

这时,隔壁弟媳喊了起来:"好嫂嫂呀,快来看,我这里一房间的茧呐!"

嫂嫂跑过去一看,惊呆啦!只见白花花、长腰腰的蚕茧积了一蚕室。

这时,公婆丈夫,左邻右舍全都跑来看。看新媳妇那一蚕室白花花、长腰腰的茧子!左邻右舍纷纷向妯娌俩的公婆道喜:"你家新媳妇,真是个蚕花娘子啊!""好福气呀好福气!"

这时,新媳妇含羞带笑的脸孔,像一朵初开的水灵灵的红荷花。

婆婆要看大媳妇的蚕室。大媳妇脸上红一阵白一阵地不让看。有个爱开玩笑的小姑娘,一下子推开了东蚕室的窗。大家一看,蚕室里除了滴绿的叶梗子和彻乌的蚕沙子,什么也没有!公婆丈夫,左邻右舍都大吃一惊,议论纷纷。

后来,才弄清事情的来龙去脉。原来,妹妹养的是条龙蚕,龙蚕被嫂嫂戳死了,嫂嫂蚕室里的宝宝伤心极啦!这些蚕宝宝就成群结队地爬过被羊叶叉掏开的壁洞,给龙蚕来"吊孝"啦,所以都一夜之间做了茧。

嫂嫂想叫弟媳"倒灶",却搬起石头砸了自己的脚。恶心恶肠,没好下场。

讲述者:钟桂妮

采录者:钟伟今

桑叶鸟

每年清明前,我们这里会飞来一种鸟,名叫"桑叶鸟"。这种鸟一边飞一边不断地叫着:"爹爹苦,爹爹苦……",听起来十分悲伤。传说它是一个农家姑娘变的。

相传,在一个深山冷岙里住着一家人,这家人只有爹和女儿两个人。他们靠养蚕过日子,还算能吃饱穿暖。

有一年,父女俩养的蚕宝宝特别好,白花花的蚕一匾又一匾。父女俩高兴得合不拢嘴。但是过了几日,他们又发愁了,不知为何这一年的蚕就是不肯"上山",桑叶饲了一遍又一遍,总不见蚕宝宝老起来,眼看桑叶快吃光

剪纸《采桑女》

了，父女俩急坏了！

　　这一日，天还没有亮，爹就挑着箩去买桑叶，早起出去是副空担，夜到回来仍旧是一副空担。起早摸黑、跑断脚骨还是买不到桑叶。眼看这白花花的好蚕就要倒掉了，真叫一个"上天无路，入地无门"。而离他们屋不远的一大户人家桑园里，桑叶特别多，去问他们买，他们不肯。这爹实在没办法，就想着去偷一担来救救急。

　　第二日清早，他瞒着女儿挑着担子来到这大户人家的桑叶地里，大气也不敢透一口，急急忙忙地摘满一担桑叶，刚刚想挑起来走，却让管桑叶的人看见了。那个人把这爹捆绑送到这大户人家东家那里。东家特别凶，是当地有名的"地头蛇"。一听有人偷自家的桑叶，就扬言要把这爹杀掉。

　　女儿早起一看，阿爹不见啦，一看桑叶箩也不见了，想想阿爹一定是去买桑叶了，就盼着阿爹买着桑叶早点回转来。七等八等，一等等到黄昏头，还不见阿爹回来。女儿心里急极了，开门一看，只见一担桑叶放在门口，不见阿爹的人。她还当阿爹有啥事去了，连忙把桑叶挑进屋里，捞了一大把去饲蚕宝宝，蚕宝宝就"沙沙沙"吃起来。她赶紧又捞第二把桑叶，突然看见一个黑乎乎的东西在箩里，因天暗看不大清楚，还当是个柴箩头，她还想："这卖主倒黑心个，把柴箩头当桑叶称给我们"。可把灯盏拿过来一照。啊！这哪里是柴箩头？仔细一看，原来还是她爹的头，她惨叫一声，晕了过去……可怜的女儿再也没醒来，却变成了一只小鸟，嘴里不断叫着"爹爹苦，爹爹苦……"好像在向大家讲这个悲伤的故事！

讲述者：章华彩

采录者：欧阳羚

白马化蚕

很久很久以前，一户人家的男人到很远很远的地方去做生意。妻子已经去世，只留下一个小姑娘，喂着一匹白马。

小姑娘一个人闷在家中，甚是寂寞。她一心盼着父亲早日回家。可是从花开盼到花落，从月圆盼到月缺，父亲还是不回来。小姑娘心里烦啊，就摸着白马的耳朵给它开起了玩笑：

"马儿啊马儿，你要是能把我阿爹接回家，我就和你结为夫妻。"

谁知白马听完姑娘的话，竟点了点头，朝天一声长嘶，绷断缰绳，朝外飞驰而去。

那天，小姑娘的父亲做完一笔生意，心里正高兴。忽然见家中的白马奔来，满身是汗，气喘吁吁，大叫一声，一口咬住他的衣襟就朝外拽。他心中一咯噔，以为家中有了灾祸，顿时心慌意乱，跨上马背朝家中赶去。跑呀跑，终于赶到家中，却见小姑娘正笑嘻嘻地在门口迎接。一问，什么事也没有，才松了口气。

谁知从此以后，那白马一见小姑娘就会高兴地叫起来，挣扎着跑到她身边，不肯离去。小姑娘见白马这么聪明，十分喜欢；再想想人怎能和马儿结婚？又担忧起来，一颗心就像十五只吊桶打水，七上八下的，拿不定个主意，眼看着一天天消瘦下去。

她父亲发觉了，悄悄地把姑娘找去仔细盘问，才知道女儿当初许过的愿。哎哟，这可怎么办？总不能把自己的亲生女儿嫁给一匹马吧？这事要是张扬出去，多难听！一不做二不休，趁小姑娘不在家的时间，他狠了狠心，一箭射死了白马，剥下马皮，晾在院子里。

剪纸《售蚕》

  小姑娘回家来，见院子里晾着一张白马皮，知道出了事，连忙奔过去，抚摸着马皮，掉下眼泪。忽然，马皮从竹竿上滑落下来，正好裹在姑娘身上。院子里顿时刮起一阵旋风，马皮裹紧姑娘，顺着旋风滴溜溜地打转，不一会就冲出门外，等她父亲赶去寻找，早已无影无踪。

  几天以后，人们在树林里找到那姑娘。只见雪白的马皮正紧紧地贴在她身上，她的头也变成了马头模样，爬在树上扭动着身子，嘴里正不停地吐出亮晶晶的细丝来，把自己的身体缠绕起来。

  从此以后，世界上又多了一样东西。因为它总是用丝来缠住自己，大家就把它叫作"蚕"；又因为它在树上丧失了性命，就把那树叫作"桑"（"蚕"和"缠"谐音，"桑"和"丧"谐音）。后来，大家都尊奉那个小姑娘叫"马头娘"。不过，杭嘉湖一带的老百姓都喜欢叫她"蚕花娘娘"。

讲述者：冯茂章

采录者：顾希佳

黄牛化蚕

传说在很早以前,钱塘江北岸有一户富豪人家,家中有一个小姐,眉清目秀,貌美如花。但自打出生,十八年来从来没有走出过房门一步,整天躲在绣楼上,描龙绣凤,做着女红。

有一天,小姐觉得有些气闷,在贴身丫鬟的再三劝说下,和丫鬟二人一起下了楼,到花园里去游玩了半天工夫。

谁知道从此以后,小姐就觉得自己的身子有些不适意。日子一长,连肚子都开始了大起来。小姐的父亲大吃一惊,请来医生给女儿看病。医生说小姐是有喜了。

这可怎么了得!父亲心想:"女儿长到十八岁,从没见她跟哪一个陌生的男人来往过,怎么会出这种事呢?"就把丫鬟叫来再三盘问。丫鬟说:"小姐确实从来没有和外人来往过,就是那天游花园,看见一头大黄牛,小姐很喜欢它,就一起玩了一阵子,难道是……"

听到这里,小姐的父亲火冒三丈,当场派人到花园去,把大黄牛杀死,剥下一张皮,晾在花园的一棵大树上。

过了两天,小姐知道了,心里十分难过,正在房间里伤心。突然,天空中刮起一阵龙卷风,先把牛皮卷了起来,接着又把小姐也裹了进去,一眨眼就飞得无影无踪。小姐的父亲得到这个消息,连忙派人四处寻找小姐的下落。东寻西找,最后终于在一棵大树上找到了那张牛皮。

派出去的人把牛皮带回来,交给主人。大家打开牛皮一看,只见里面有许许多多黑油油的小虫子,在蠕动着。大家说:"也许这就是小姐变的吧?"

小姐的母亲心疼极了,就把这些小虫子收集起来,放在一只竹匾里喂养。

又从当初发现牛皮的那棵大树上采来许多树叶,这就是后来的桑叶,拿给它们吃。慢慢地,黑虫子就变成了白色的蚕,最后结成了茧;这茧抽出来的丝,又细又韧又白,正好做衣服。小姐的母亲就这样年复一年地喂养着这蚕。大家都认为蚕是她的女儿变的,所以总是喊它们"宝宝"。久而久之,大家都叫小姐的母亲为"蚕娘",叫蚕为"宝宝"。

剪纸《喂蚕》

从此以后,钱塘江北岸一带的农村里,家家户户都养起蚕来。养蚕的女人都把蚕当作自己的女儿一样看待,把它们叫作"蚕宝宝"。别人也就把养蚕的女人都叫作"蚕娘"。

讲述者:朱火良

采录者:朱火良　顾鉴生

蚕花娘子

很早以前，有个聪明能干的小姑娘叫阿巧。她9岁那年娘就死了，丢下她和弟弟。爹又讨了个后娘，后娘对两个小孩非常不好，寒冬腊月还叫阿巧去割草。阿巧没办法，只好拿着箩筐出去了。天寒地冻，哪里还有青草呢？阿巧从早到晚，从河边到山上，一根草也没有割到，她又冷又饿，又不敢回家，怕遭后娘的打骂。只好把双手揣在袖洞里，在山腰上伤心地哭了起来。突然她听到一个声音："割草，到半山沟。"她抬头一看，原来是一只白头颈鸟在说话。那鸟说了两遍，便张开翅膀向山沟飞去。阿巧擦干眼泪，背起竹筐，半信半疑地紧跟鸟儿走去。走过山腰，白头颈鸟就不见了。只见前面立着一棵老樟树，好像一把大伞，阿巧好奇地拨开树枝，走过樟树，只见一条弯弯曲曲的小溪，小溪两岸长满了红花绿草，像座春天的花园。她从来也没有见过这样美丽的地方，但也顾不得多看，便急忙蹲下身，高兴地割起草来。她边割边走，不知不觉走到了小溪边，草已经割满了，刚想起身擦擦汗，忽见一位穿白衣白裙的姑姑在向她招手。

白衣姑姑手拎着一只篮筐，笑嘻嘻地对阿巧说："小姑娘，到我们家去做客吧！"阿巧就微笑着跟她走了。走了一段路，抬头一看，只见半山都是一排排雪白雪白的房屋，屋前是一片片低矮的树林，漂亮极了。走近一看，树上的叶子比手掌还大，有好多白衣姑姑正在采摘鲜嫩的大树叶。阿巧高兴地跟着白衣姑姑们一起走进屋里，听到里面一片"沙沙沙"的声音。走近一看，原来是密密麻麻的小虫，在圆匾里吃树叶发出的响声。

从那以后，阿巧就在这里住下了。白天跟白衣姑姑们一起摘嫩叶，夜晚和白衣姑姑们一起喂雪白的小虫。小虫吃得真快，一夜要喂几次。一天天过去了,小虫越长越大,最后爬在草簇里,吐出丝来把自己裹在里面。过了几天,就结成雪白的花生果儿,姑姑们把它们放在水里煮,然后抽出闪亮的丝线绕起来,又采来各式各样的树果子,榨成浆汁给丝线染上各种颜色,漂亮极了。

阿巧边看边做,慢慢地把本领都学到了。这时白衣姑姑告诉她:"这雪白的小虫叫'蚕',这树叶叫'桑叶',这染好色的丝线是送给天上织女娘娘织云锦的。"

时间过得真快,一晃三个月过去了。这天夜里阿巧做了个噩梦,梦见后娘在毒打弟弟,她惊醒,心想:"如果把弟弟接到这里来住,那该多好啊!"第二天,天还没有亮,她就带上一张撒满蚕虫卵的白纸和两袋桑树籽,轻轻地走出了姑姑们正甜睡着的房屋,沿着弯弯曲曲的小溪一直往前走,走过山坳那棵老樟树,外边路就多了起来,她怕回来时迷路,就把桑籽丢在两边。她想,明天只要找到这些树籽就能再回来。

阿巧回家一看,爹爹已经满头白发,弟弟也成了一个壮实的小伙子,后娘因阿巧出走,心中感到有愧,对弟弟也不再过分虐待,一家人倒也安康。爹爹见阿巧回来了,又高兴又难过地问:"你一去怎么十五年才回家呢?这几年你在哪里啊?"这时乡亲们也都来看望她。阿巧便将这次奇遇一五一十地讲给大家听,大家都说:"阿巧这次上山是遇上神仙了。"这个消息很快传遍全村。

第二天清早,阿巧想到自己回家的事还没有告诉姑姑们,就辞别爹爹再回到山沟里去。她来到沟口抬头一看,路两边已长满了绿茵茵的树林,原来是她丢下的桑树籽,一夜工夫都长成了桑树。沿着树林走去,看到了山坳里那棵老樟树,拨开樟树一看,怎么全是山?那条曲曲弯弯的小溪哪里去了?阿巧正在对着老樟树发呆,那只白头颈鸟又飞到她身边,对着她骂:"阿巧偷宝!阿巧偷宝……"骂了几声就飞走了。

阿巧后悔临走时不告诉姑姑们,还拿了一张蚕虫卵和两袋桑树籽,白衣姑姑们一定是生气了,才把路隐掉了。她只好回家,把那张蚕虫卵贴身藏在怀里,用自己的体温把它孵化,又叫弟弟劈竹打了几只大圆匾。蚕孵出来了,

经绸

乡亲们都好奇地来看。阿巧便把养蚕的办法都教给乡亲们,又和全村的姑娘们一起采桑叶,喂养蚕。蚕很快便长大了,又过了几天,蚕结茧了。她和姑娘们把茧收下来,放在水里煮,边煮边抽,抽出一根根雪白的丝来。聪明的阿巧又照着白衣姑姑们的方法,采来各式各样的果实榨汁,教村里的姑娘们把丝线染上美丽的颜色,又把丝线放在布机上织出许多绸缎来,还教大家把绸缎裁成衣裳。从此,全村的姑娘们都打扮得漂漂亮亮的。

过了许多年,阿巧去世了,人们为了纪念她,便称她为"蚕花娘子"。

讲述者:陈阿四

整理者:张群伟

蚕姐妹

很久以前，在浙江嘉兴南湖一带，有一对双胞胎姐妹，姐妹俩容貌像极了，大眼睛，双眼皮，真像两朵花；她们不但貌美，心地也好。爹娘去世后，姐妹俩相依为命，靠种田、挖野菜、打野柴糊口。

有一年春天，正是菜花吐金、麦子抽穗的好时光。姐妹俩从田里拔秧回来，路过一个桑园，见桑树上密密麻麻的挂着桑果，青的、红的、紫的、黑的……多得像满天星。妹妹见了桑果，馋得直流口水，说："姐姐呀，摘些来尝尝吧！"

姐姐说："小丫头，嘴真馋，一定饿啦。"

于是，她们放下秧凳，拣又甜又大的摘。不一会儿，两人都各摘了一大捧。姐妹俩正要回家吃桑果。忽听得有声音在喊："姑娘，救命呀！"

姐妹俩吓了一跳，连怀里的桑果也洒落一地。她们四下查看，园子里也没见个人影。姐姐正在纳闷，妹妹眼尖，发现有只黑老鸹正在树上啄食桑果！于是，她像野兔一样蹦过去，拾块石子对准它掷了过去，还骂着："这家伙不老实，在偷吃桑果哩！"

姐姐抬头一看，那只黑老鸹扑打着翅膀，飞到另一棵桑树上，贼头贼脑地瞅着她们。姐姐也给了它一石子，打得老鸹"哇"的一声，瞅了瞅掉在地上的那条虫，恋恋不舍地飞走了。姐妹俩拾起掉在地上的桑果，边吃边走。又听得有个声音说："好心的姐妹，带我回家吧。"

姐妹俩在草地上找了半天，才发现有条又黑又细的小虫在爬，小虫说："你们别看我长得丑，我的心可好呢。"

姐妹俩看它怪可怜的，心想："我们不救它，它就成了黑老鸹的点心了，不如把它养在家里吧。"姐妹俩就把它带了回去,还给它取了个名叫"蚕宝宝"。姐妹俩每天早出晚归,都不忘给蚕宝宝喂叶。天冷了,姐姐给它生火取暖;天热了,妹妹给它开窗通风凉快;下雨了,姐姐把桑叶揩干喂它;蚊蝇多了,妹妹做个纱罩盖住蚕匾;就这样,姐妹俩照管蚕宝宝比亲娘待女儿还好。

一天蚕宝宝又开口了:"好心的姐妹,请把好事做到底吧!"

姐姐有些迷惑不解地问:"你不是好好地在我家里住着吗?还有什么事呀?"

蚕宝宝说:"我是得救了,可是我的那些兄弟姐妹还在桑园里,怕是要被黑老鸹吃了!"

妹妹一听着急地说:"啊呀,你为啥不早说呀!"于是姐妹俩一阵风似的跑进桑园,把蚕宝宝一个个救回家去,让它们过着好日子。

蚕宝宝原来长得又瘦又小,过了"四眠",现在变得白白胖胖,像是黄毛

南丝车

丫头十八变。姐妹俩的善良、勤劳,终于感动了蚕宝宝,蚕宝宝问姐姐:"好心的姐姐,你救了我一家的命,叫我们怎样报答你呢?"

姐姐说:"我们种田人家,又不想做财主,要啥报答呀?"

蚕宝宝问妹妹:"好心的妹妹,你救了我全家的性命,叫我怎样报答你呀?"

妹子说:"我家虽穷,但姐妹俩靠双手能勉强度日,还想啥呢?"

蚕宝宝听了感到为难。姐姐终于想出:"那就给点衣料吧!"

蚕宝宝说:"对,你们姐妹俩穿上花衣裳,多漂亮呀!"

妹妹说:"不是我们要穿,是村里穷苦人家都没衣穿。"

蚕宝宝听了说:"你们真是好心,处处为大家着想。"于是蚕宝宝马上忙着吐丝结茧。直到今天,它们的子子孙孙都学到了吐丝结茧的本领。

后来,人们为怀念这对姐妹俩,就称她们为"蚕姐妹"。

讲述者:俞美珍

采录者:俞永贵

龙　蚕

很久很久以前，大运河边的王家庄上，有妯娌俩。大嫂是本地人，有一手本领，会采桑养蚕；二嫂是外乡人，去年刚嫁到这里。

这年春天，刚过清明，桑树枝条上就冒出一个个嫩绿的新芽。大嫂收拾好蚕房，又请来了"蚕花太子"，准备养蚕。二嫂也想养蚕，只是什么都不懂，心里很着急。

谷雨过后，养蚕的人家都开始催青收蚁了。二嫂一心想学养蚕，便去求教大嫂说："嫂嫂，我在娘屋里从来没养过蚕，你教教我好吗？"

大嫂两只眼珠滴溜溜一转，心生一计，装出诚心教她的样子说："养蚕不难，就是收蚁要留心。你回去把蚕种放在汤罐镬子里沉一沉，然后用被头焐三天三夜，乌娘就出来了。"

二嫂信以为真，就按大嫂的吩咐去做。一天、两天、三天过去了，翻被头一看，那张烫水泡过的蚕种，灰黄一片，没有一条蚕的影子。二嫂疑心起来，再去问大嫂，可是大嫂连门槛也不让她跨进，振振有词道："我家请过'蚕花太子'，陌生人走进去，蚕花要被冲掉，蚕儿就养不好。"二嫂无可奈何，只得回家再用被头焐，又焐了三天三夜，还是不见小蚕出来。二嫂有点气急败坏，打算将这张蚕种塞到灶洞里烧掉。她正要塞进去烧的时候，突然发现那张蚕种纸板角上，有一个菜籽大小的小黑点在蠕动，仔细一看，正是一条蚁蚕。原来，蚕种放到汤罐镬子里沉的时候，手捏的那只角没有浸到水，这是幸存下来的一条小蚕。这时，二嫂别提有多高兴了，连忙用鹅毛把这条小蚕掸到蚕匾里。就这样，二嫂也开始养蚕了。

二嫂没养过蚕，不懂养蚕方法。俗话说："不会种田看上埭"。她学着大嫂的样子做，大嫂采叶，她也采叶；大嫂喂蚕，她也喂蚕；大嫂生炭火盆加温，她也生炭火加温。她日夜守在蚕房，像抚育婴儿似的照管着蚕宝宝。时间过得很快，转眼7天过去了。蚕儿越长越大，吃叶也越来越多。原来蚕桑叶用竹篮子装，现在要用叶篰了。大嫂见二嫂每天背着一篰篰桑叶回来，猜疑起来，她采这么多叶做啥？难道烫水泡过的蚕种还能孵出蚕宝宝来？这天夜里，大嫂偷偷地摸到二嫂蚕房边。二嫂因为日夜忙着采叶喂蚕，有些疲倦，靠在蚕台上睡着了。大嫂轻轻推开门，伸进头去一看，不禁大吃一惊，只见二嫂蚕房中的柴帘上，躺着一条又大又白的蚕宝宝。这条蚕儿有条凳那么长，廊柱那么粗，浑身雪白油亮，头顶上还生着一对触角，头微微昂起，正在大口大口地吃桑叶。大嫂心想："哟！这一定是'龙蚕'吧！"从前听老人说过，龙蚕很大很大，谁家出了龙蚕就要发财，这下二嫂可要发财啦！她越想越烦恼，越想越妒忌，心里暗暗埋怨："蚕花菩萨没良心，吃了隔壁谢对门，龙蚕不送到我家来……"她想着想着，眉毛一拧，嘴巴一噘，忙去找来一根麻绳，趁二嫂熟睡着，用麻绳套住大蚕的触角，想将它拉到自己家里。但左拉右拖，大蚕纹丝不动，照常吃叶。她猴急起来，便将麻绳往腰里一缠，两脚撑住门槛，牙齿一咬，头朝前，使尽全身力气向外拖。就在这时，那大蚕突然将头一甩，套在触角上的绳子一滑，大嫂跌了个"扑跟跤"，跌得鼻青脸肿。她害怕将二嫂惊醒，不敢叫一声疼，连忙拖着麻绳溜了回去。

从这以后，大嫂一想起那条大蚕，心里总有说不出来的滋味。又过了一些日子，一天中饭过后，她趁外出采叶的机会，有意挨近二嫂，试探地问：

"二嫂嫂，你家蚕宝宝上山做茧子了吗？"

二嫂回答说："没有呀！"

大嫂装成为难的样子说："我家的蚕宝宝倒是好上山了，可是……"说着叹了口气，不说了。

"可是怎么样？"二嫂关切地询问。

大嫂又假惺惺地说："蚕宝宝要吃了催眠药才肯上山做茧子，可这几天我实在分不出身出门。"

"怎么？蚕宝宝上山还要吃催眠药？"二嫂好奇地问，心想："怪不得我家的蚕宝宝那么大还不肯上山做茧子，原来没给它吃催眠药。现在既然大嫂没工夫去买药，我何不代她去买一下呢？"况且自己也需要，于是便询问了这种药名和喂药的方法。

大嫂告诉她："这种药叫'白砒'，买来后，用水泡了洒在桑叶上，蚕宝宝吃了很快就会吐丝做茧子。"

二嫂巴望蚕儿早点做茧子，就按大嫂说的去做了。谁知那大蚕吃了这种药之后，桑叶也不吃了，一动不动的躺着，身上的皮肤也慢慢

切桑叶

枯萎，像死了一样。二嫂伤心呀，趴在大蚕身边哭了三天三夜。说也奇怪，到了第四天，那大蚕脱了一层皮，又动起来，长得比以前更大了，皮肤也比以前更嫩了，吃起叶来也比以前更多了。这样，二嫂又忙碌起来。她每天天不亮就出去采叶，回来马上喂蚕，有时连饭也顾不上吃。大嫂这几天特别注视二嫂的行动，她见二嫂仍然整天忙着采叶喂蚕，又猜疑起来：难道那大蚕还没有被砒霜毒死么？

又过了好几天，眼看蚕宝宝就要上山结茧子了，大嫂对二嫂的妒意越来越深。这天夜里，夜深人静，大嫂将自己家里已经熟了的老蚕，捉上山，便急忙从纺车上取下根锭子塞到袖管里，又偷偷摸摸地来到二嫂家蚕房边。她先在窗口张望了一番，见那条大蚕安然地在那里吃叶，二嫂正倒在蚕毛柴上呼呼大睡。她悄悄走进蚕房，立即从袖管里抽出锭子，朝那大蚕头上狠狠戳了一锭子。那蚕疼得直甩头；接着她又在大蚕屁股上戳了一锭子，只见大蚕扭动了几下便不动了。她怕大蚕还没有死，又在它身上戳了几十下，戳得蚕儿遍体鳞伤，这才得意地离开。

大嫂回到家里，见自己蚕房的"柴龙"上，爬满了又白又壮的蚕宝宝，

发出一片窸窸窣窣的声音。看到这些，她很兴奋，躺在床上幸灾乐祸地想："要不了几天，这满屋都是雪白的茧子，二嫂蚕房里会有啥呢……"想着想着便睡着了。半夜以后，她模模糊糊地听得唢呐声夹着哭泣声，好像谁家在出殡……这一夜翻翻腾腾，做的全是噩梦。

　　第二天清早，大嫂走到蚕房里一看，大吃一惊，原来昨夜已经上山的蚕宝宝，一条也不见了，只留下一条条空荡荡的"柴龙"；她再跑到二嫂家蚕房里一看，只见柴帘上、墙壁上、窗棱上到处结满了雪白雪白的茧子，特别是蚕房当中的那个大茧子，更是显眼，好像一只大冬瓜。她看着看着发了呆，突然，只觉得眼前一黑，便倒在地上。

　　为啥二嫂家一下子有那么多蚕茧呢？原来二嫂家养的那条正是"龙蚕"。龙蚕是蚕中之王。当它被凶残的大嫂戳死之后，它的族人们——小蚕，便从大嫂家赶来为它吊孝送葬，并吐丝作棺为它收殓。收殓好龙蚕，小蚕也都吐丝作茧自缚而死。相传，现在蚕宝宝之所以眠一次脱一次皮，就是因为当时吃了大嫂的砒霜；身上的一个个斑点，就是大嫂用锭子戳后留下的伤疤。

讲述者：朱巧英

采录者：徐春雷

二姑养蚕

很久以前，一个小村庄里的兄弟俩，哥哥娶了个外地的女人，弟弟娶了同村的姑娘，嫂嫂叫阿彩，弟媳叫二姑。二姑嫁来后，兄弟俩便分了家。

嫂嫂阿彩有套本领，会采桑叶养蚕，小村庄里的人都感到稀奇。蚕茧结在簇柴上，像一朵朵白花，好看极了，人们就把蚕茧叫作蚕花。阿彩独自养着蚕，从不肯把本领教给别人，更不肯把蚕种传给别人家。所以，几年来村里养蚕的，只有阿彩一家。

二姑也想养蚕。那年一开春，她就去求嫂嫂帮忙。阿彩想一口回绝，但面子上过不去，就想了个诡计。她拿出一小张蚕种纸，告诉二姑说："蚕种要催子，才能出乌蚁，你把蚕种纸放到开水里先浸一浸，再放在身上焐三天，蚕就出来了，要是不出来，就是没有焐好，今年蚕就养不成了。"

二姑满心欢喜，将蚕种纸拿到家里，照着阿彩教的去做。到第四天，她打开蚕种纸，暖暖的蚕纸上只爬动着一条小小的幼蚕，像乌黑的小蚂蚁。二姑很伤心，怨自己没有把蚕种焐好。她哪里知道，用开水烫过的蚕种，哪里还会出小蚕？这一条还是她把蚕种纸放到滚水里时，在纸角上捏住的。虽只有一条，二姑也舍不得丢掉，一心要把蚕养好。

二姑也养蚕了。她偷偷学着嫂嫂，阿彩啥时采桑叶，她也啥时采；阿彩采啥桑叶，她也采啥桑叶；阿彩采多少，她也采多少。阿彩暗笑："这个笨女人，真是瞎起劲。"她从不到二姑家里去看看，二姑也不上她家来望望，俩人各养各的蚕。到了蚕将要老熟的时候，阿彩再也熬不住了，她看到二姑采了和她一样多的桑叶，疑心是不是二姑也养了和她一样好的蚕。

这一天，二姑出门之后，她偷偷跑到二姑家里，隔着门缝看过去，吓得她差点丢了魂,二姑的蚕房里有一条大蚕,这蚕身体比小廊柱还粗,比大门栓还长,白白胖胖,结结实实。阿彩暗暗一想,肯定是条蚕王!她当场便生了个坏念头,拿来一只纺纱锭针,溜进蚕房,狠狠地向大蚕戳了一针。

二姑采桑叶回来,推开房门,惊得她把叶筐一掼老远。她看到宝贝蚕直挺挺地躺在地上,头上的伤口里流着汁水,身体软绵绵的。她扑到蚕身上,紧紧地捧住它,放声大哭起来。多心痛呀,她花了一个月心血养成的蚕,把它当成宝宝的蚕,如今无缘无故地死了!二姑抱住蚕宝宝不停地哭,男人劝她也不听,阿彩假意来劝她,她也不理。二姑哭啊哭啊,从白天哭到夜里,直哭得昏睡在蚕宝宝身边。第二天,天蒙蒙亮,二姑迷迷糊糊醒来,只见满屋一片雪白,从地下到房梁上,从墙壁到草堆里,到处结满了雪白的蚕茧,一层层、一堆堆,像雪白的花丛一样,她自己也被白茧围住,迈不开脚步。

她愣住了,呆呆地坐在地上,直到她男人来了,才把她从茧堆里拉出来。

原来二姑养的蚕的确是一条蚕王。二姑的哭声传到阿彩屋里,传到村外,家蚕和桑树上的野蚕都晓得蚕王死了,连夜来为蚕王吊孝,它们当场结成"茧山"来祭奠蚕王。

这一年,二姑把茧子全留作蚕种,并把蚕种分给村里人,让大家都来养蚕。

从那时起,蚕便被人们叫成了"宝宝"。茧子丰收了,就叫作"蚕花"。

讲述者:沈阿二

采录者:沈瑞康

养夏蚕何时开始

原先我们这个地方的蚕农每年只养一次蚕（即春蚕），当地称作"养头蚕"。养二蚕（即夏蚕）仅仅是为了传种和观赏。相传，大批喂养夏蚕是从乾隆皇帝下江南开始的。

清朝乾隆皇帝曾数次到江南来游山玩水。有一次，乾隆皇帝在去湖州的途中，路过千金一带，看到河道两岸桑林密布，碧绿的桑叶，紫色的桑果子，十分好看。乾隆当时并不认识桑树，想问下属，又怕失面子。三天后，乾隆从湖州返回，他又想起了那一片紫绿相间的桑树林，走出舱来观赏一番。这时他看到的却是一根根光秃秃的树干，那绿的叶、紫的果子全不见了。乾隆十分扫兴，心中懊恼，以为是什么不祥之兆。此时，身旁擅察言观色的随从猜到了皇帝的心思，连忙解释："现在正是春蚕大眠时期，快要上山结茧的老蚕，一下子把树上的桑叶吃光了。不久桑树上便会长出新枝绽出新芽，并不是什么不吉之兆。"乾隆听了随从的解释后恍然大悟，吩咐他们去拿些蚕宝宝来看一看。

乾隆从未见过蚕，当他看到"蚕宝宝"十分难看的样子，就随口说了声："那么难看的一条虫，恶心得很，又吃掉那么多碧绿的桑叶，死掉拉倒。"皇帝金口玉言，一声令下，两岸的蚕宝宝全都死光了，这下可苦了这一带的老百姓。

俗话说："上半年靠养蚕，下半年靠种田"。现在蚕宝宝都死光了，可叫老百姓怎么过日子？苦于生计，当地老百姓联名写了"万名帖"，呈送到皇帝那里去，乾隆看了帖子，才知道自己一句戏言扰得千万百姓不安。为了表示自己爱民如子，乾隆想了个办法，对手下说："头蚕死光就看二蚕"。

但乾隆不知道的是，头蚕把桑叶全吃光了，再加上二蚕时天已转热，蚕宝宝不习惯，养不好。但皇帝已开口，人们只好硬着头皮看二蚕。桑叶不够吃就到外地去买，蚕宝宝好像也不敢违背圣意似的，不管天气热不热，拼命吃叶生长。就这样，夏蚕也结出了白花花的茧子，才使得当地老百姓渡过了难关。从此，"看过头蚕养夏蚕"的习惯就传了下来。

捻绵轴

讲述者：郁新荣

采录者：史国祥　杜丕强

蚕宝宝驮牛

相传,远古时候,蚕宝宝和牛是一对好朋友。不过,那时候的蚕宝宝身体很大,有水桶那么粗,吃起叶来也蛮霸道,有时候牛去吃桑叶它就要生气。

有一日,牛对蚕宝宝说:

"蚕兄弟呀!地上的百草和树叶,好吃的我都尝过了,只是天上月宫里的仙草我没吃过,你把我驮到月宫去,让我尝尝月宫里的仙草,好吗?"

蚕宝宝说:"好吧!看在朋友的份上,我驮你去。"

牛四只脚踏在蚕宝宝的背脊上,蚕宝宝运足气力,飞上天,快到月宫的时候,蚕宝宝问牛道:

"牛大哥!你吃到月宫里的仙草后,回来还要吃桑叶吗?"

牛回答说:"吃还是要吃的,以后少吃点就是了。"蚕宝宝听了牛的话,骂道:"你这个没良心的东西,我花了这么多气力,把你驮到月宫来吃仙草,你还要吃我的桑叶,就让你去吃个够吧!"蚕宝宝骂着,把身体一缩,牛脚下一滑就从天上栽到地上来!这一跤摔得牛门牙全部落脱,吃草的时候只好把草囫囵吞下去,过一会儿再重新吐出来咀嚼。

蚕宝宝呢,那次把牛从天上掼下来后,心里也过意不去,日日难过得身体也瘦小了,瘦到后来只剩指头那么大,但背脊上还留着四只深深的牛蹄印子。

从此,"牛子牛孙"生出来也没门牙,蚕宝宝的后代背脊上都生着牛蹄印。

讲述者:包照兰

采录者:李国胜 蔡 民

望蚕讯

秧凳、箬笠、拔秧伞；枇杷、樱桃、灰鸭蛋；

黄鱼、鲜肉、鳓鲞篮；软糕、包子挑一担。

这是一首流传在桐乡屠甸地区的农村民谣。民谣唱的是春蚕时节人们望蚕讯所准备的礼物。望蚕讯是蚕乡的一种风俗，即在女儿出嫁后的第一个养蚕季，娘家人带着时新礼物，来到女婿家探望蚕讯。

相传在很早以前，村上有个名叫阿三的老汉，早先死了妻子，留下一个儿子，日子过得十分凄惨。他看到村里家家养蚕、做衣，唯独自己家里因为没有女人，养不来蚕宝宝，甚是心急。

日盼夜等，好不容易待到儿子娶媳妇。谁知新媳妇在娘家不曾养过蚕。老汉心里凉了半截。可新媳妇却信心十足，对老汉说："阿爹，我们也养几张蚕宝宝吧！不会可以向人家学。"就这样，老汉家也试着养起蚕宝宝来。

新媳妇是个勤快、乖巧的人。看人家采叶她也采，见别人喂蚕她也喂。不知不觉，已到了蚕宝宝上簇的时候，老汉左邻右舍走了一圈，看自家的蚕宝宝长得跟别家的一般大小，心里也踏实了。她学着别人家的做法，给宝宝上了簇，并将蚕房的大小门窗全部关紧，再用纸将门缝糊得密不透风。

说来也巧，刚上簇的第二天，新媳妇的亲爹来看女儿。老汉迎着客人道："亲家公，难得，屋里坐！"亲家递上礼物，说："听说女婿家养春蚕，我特意来望望蚕讯。"阿三一听便知道亲家来探听养蚕喜讯的，不由喜上眉梢，忙吩咐媳妇做饭，自己上街打酒去。

新媳妇娘家过去没养过蚕，亲家公未见过蚕的模样。他趁女儿在灶间忙碌，独自来到蚕房，打开边窗，看了个仔细，临转身时，忘了将窗门关上。

直到傍晚，阿三送走亲家，从蚕房前经过，发现边窗开着。老汉料定蚕宝宝被风吹了一天，心中闷闷不乐，但有口难言，只等采茧时再看。

待到采茧那天，老汉打开蚕房门一看，只见蚕蔟上一片雪白，茧子又大又结实，比左邻右舍家都好。人们都说："阿三老汉家蚕花丰收，准是跟他亲家望蚕讯有关。"从此以后，望蚕讯的风俗便传开了。

剥绵兜

注：望蚕讯的时间一般都在采茧之后，即在光拳（桑叶采光）、白茧（茧子采好）、丝车动（开始缫土丝）的"头蚕罢"时节。因为这时人们比较空闲，有时间做客；同时，也有慰问辛劳的意思。那么望蚕讯为何要送秧凳、箬笠、拔秧伞呢？这是因为蚕乡禁忌较多，秧凳音似"映钝"，不吉利；秧伞音似"养散"，与团圆对立。这些东西不可在女儿出嫁时陪过去，只能在出嫁后的"头蚕罢"望蚕讯时带去。

讲述者　徐福宝

采录者：陈泰声　杨富林　余　仁

踏筏船

过去,每逢农历三月十六,浙江嘉兴从南湖到三塔塘、北丽桥一带,总是人山人海。大家争先恐后地踮起脚尖,遥望远处一条又一条贴在水面上的船箭也似的飞过来,这是蚕乡人在练习划快船,这就是沪、杭闻名的嘉兴南湖踏白船。俗话说"救蚕如救火",叶不到,蚕就饿死。

相传很久以前,有一年各地大闹灾荒。唯独这鱼米之乡、丝绸之府的嘉兴地带风调雨顺,五谷丰登,因此涌来了许多逃荒的人。一天,有一对母女拖着发肿的腿,来到南湖边上,她们早已饿得浑身无力,瑟瑟发抖,看着湖面上一蓬一蓬又壮又嫩的鲜菱直咽口水。她们心想,如此富庶的地方,不知能否找得到我们娘俩的安身之处?正在这时,从湖心荡来一只小舟,船头上堆着一大堆南湖嫩菱,直到划到她们俩的脚下,才靠了岸;一个年轻后生从船上跳下来,对她们说:"你们饿极了吧,先请到船上来吃些鲜菱吧!"这母女俩推让着不肯上船。那后生又说:"你们不要客气,是我娘叫我来请你们的。"果然,船艄上立着一位头发花白的妇女,正微笑着招呼她们母女。

上船后,才知道这后生名叫阿土,那逃荒的姑娘名叫善花。阿土母子二人靠种菱养蚕,苦度光阴。娘见儿子一年年长大,到了该成家的时候了,却没有铜钿彩礼去下聘娶亲,心中暗暗着急。近些时日,逃荒的人来得多,阿土娘便想着给儿子寻上一个合适的姑娘。今天,她见善花姑娘虽是衣衫褴褛、蓬头垢面,但举止言谈落落大方,又粗手大脚,看得出是从小就做活的聪明伶俐的姑娘。于是,阿土娘便提出要善花母女住到自己家里去。善花娘俩在落难中遇见这样的好心人,真是做梦也想不到,自然是千恩万谢地答应了。

秋去春来,善花在阿土家转眼已几个月。她手勤脚快,把小小的茅草棚收拾得整整齐齐。阿土母子身上的衣裳也洗得清清爽爽；有空，她还要跟阿土摇船到南湖去采菱，背着箩到桑园去采叶。两家的老人眼看着这一对年轻人同进同出，同做同歇，心中早有了为他们定亲之意，也少不了在日常言语中吐露出来。阿土与善花听了都红了脸，低了头，相互偷偷地觑了一眼，忍不住发出会心的一笑。

不想好事多磨，阿土跟善花打算卖了春茧办喜事的时候，这事被桑园里的一条竹叶青蛇晓得了。这条竹叶青蛇在这块桑园住了几百年，偏偏阿土在一次垦地时误伤了它的尾巴，它怀恨在心，总想找个机会报复。正巧这一年嘉兴也碰上了大旱年景，老天几个月没下一滴雨，运河干得像一条小溪沟，南湖干得像小池塘；田地龟裂了，桑叶也焦得卷了边，各家各户的蚕宝宝都在匾里昂起了头等着喂桑叶。可是，桑叶从哪里来呀？有的人家没办法，只好流着眼泪把一匾一匾的蚕宝宝倒掉，真是罪过呀！青蛇趁着这个机会，想了一条毒计，要把善花赶出村去，让阿土打一辈子光棍。

一天，它变成算命先生，到南湖四周各村行走，逢人就说："嘉兴本是个好地方，年年风调雨顺，为啥今年旱情严重呢？只因外地逃荒来了个白虎星。这白虎星吃了南湖的水，水要干；摸了地里的桑，桑叶要泛红；住在哪个村子里，方圆几十里都要遭灾。这白虎星不是别人，就是阿土屋里的善花。"众人不知真情，都相信了他的话，便一齐涌到阿土家来赶善花。阿土母子苦苦哀求，众人哪里肯依。善花见此情景，流着泪对大家说："众位叔叔、伯伯、阿嫂，我善花母女逃荒到嘉兴，几个月来承蒙大家照应，实在感激不尽。如今只怪自己命苦，情愿再出门去讨饭，决不连累大家。只是我母亲年纪大了，求大家收留她。"说罢，双膝一跪，向众人磕了几个头，就哭着出门走了。邻居虽然平日也称赞善花姑娘好，此刻却只能是暗暗叹息，救她不得。

善花离开南湖后，一路向西乞讨。一日两日，三天五天，不觉来到双林地界。不想此地竟不见半点旱情，桑园里桑叶片片都有蒲扇大，光青碧绿。远处有旱情的地方都摇了船来此地买叶。善花看呆了，不由想起了南湖边的阿土哥，想起了她自己亲手饲养的那些蚕宝宝，立即调头往回跑，跑呀跑呀，白天跑了一天，夜里又跑。她要赶紧回去告诉阿土哥、村里乡邻，叫大家快来这里买桑叶。她一门心思要救活那些可怜的蚕宝宝，足足赶了两天两夜。她赶回南湖边的时候，天还未亮。按当时嘉兴风俗，出外归来的人不可以半夜敲门。善花只得坐在桑园里休息，不料又被那条竹叶青蛇看见了。等到鸡啼三遍，天蒙蒙亮，善花从迷迷糊糊，瞌睡中惊醒，急忙跑去喊门："阿土哥，快起来，摇船去买叶……"青蛇一听，原来善花是归来报信的，心想阿土要是买到桑叶，蚕宝宝养好了，自己的一番心计岂不是要落空了！那蛇精情急之下，一狠心，闪电般窜到善花身上死命咬一口，全部毒汁都进入善花姑娘的身体里。善花痛得大叫一声，跌倒在地。这时，阿土与两位老人闻声开了门。阿土见毒蛇摇头摆尾正要逃走，不由火冒三丈，顺手抓过一把铁鎝照准七寸着力敲下去。青蛇逃避不及，一下被敲得稀烂。只是善花姑娘辛辛苦苦跑了两天两夜，又饿又累，再加上毒气攻心，此时已是奄奄一息。她强挣扎着吐出几个字："快摇船，双……林……买……叶！"说完便死了，阿土和两位老人放声痛哭。

这一年，因善花姑娘报信，嘉兴人到双林去买了一船又一船桑叶，养好了蚕宝宝，蚕茧仍旧丰收。此后，嘉兴人每年春天都要在南湖练习划船的本领，以便去外地买桑叶。又因善花姑娘的生日是农历三月十六，所以每年这一天都举行划船比赛，好不热闹，水面上每条船上都备了锣鼓，划船的人一身彩色服装，妇女头上还要插上粉红色的蚕花，船首插乌龙旗、小红旗、金线旗等，旗上绣着各村坊的小地名。大家的船会齐了，从南湖直划到三塔塘、北丽桥一带，表示对善花姑娘的纪念。据说还有人曾梦到善花姑娘白衣白裙，飘在天上白云端里，成了蚕花娘娘。有了蚕花娘娘的保佑，自然桑叶长得茂盛，蚕茧年年丰收。

讲述者：姚大章

采录者：袁克露　姚正钧

濮　绸

春秋时期，越王勾践多年卧薪尝胆之后，在范蠡和文种等贤臣辅佐下，终于打败了吴国，雪了亡国被俘之耻。经受了几十年战乱之苦的江南百姓，暂时得到了一个安定的生存环境。濮院这个地方的蚕丝业也迅速恢复发展起来，濮院镇上出现了专门从事缫丝织绸的手工业者，濮院及附近乡村机杼声昼夜不息，日产绸缎万匹之多。

有一年，在濮院镇南端龙潭漾口西女儿桥畔，一幢半截在水上，半截在岸上的两开间楼房里，新开张了一爿绣缎庄。店主范大和妻子刚从会稽迁来，范大方面大耳，双目炯炯有神，谈吐文雅，待人和气，举止不凡；范大嫂子，虽然淡妆素抹，却是一个有着沉鱼落雁之貌的美人。范大嫂子每天清晨天蒙蒙亮就起床，在矮矮的店楼上，面对龙潭清澈的流水梳妆。早饭后，范大就挥笔作画写字，设计丝绣图案；范大嫂子在一旁默默地飞梭引线，织造锦缎。他们设计的锦缎，图案新颖，色彩夺目，有猛虎下山、九龙戏珠、百鸟朝凤等，绚丽多彩，令人眼花缭乱。濮院虽然盛产绫罗绸缎，但缎绣却是冷门。所以，范大的店开张不到一个月，声名却已轰动了全镇。西女儿桥畔，每天车水马龙，小船人流，络绎不绝。人们对店主夫妇的相貌暗暗称赞，对他们的绣缎更是赞不绝口。

人们得知这对相貌不凡的外乡人，有惊人的技艺后，纷纷登门求教。些姑娘、阿嫂，干脆拿着绸缎到女儿桥畔拜师学艺。那范大夫妇总是以礼相迎，热情接待。范大嫂子对前来学艺的姐妹更是细心传教，毫无保留。她还虚心向"徒弟们"学习缫丝织绸的本领，并一起研究如何把手工绣运用到绸机上。这样一来，濮院一带的丝绸业就更加发达起来，濮绸也从此美名远扬。

随着濮绸的闻名，那绣缎庄的范大夫妇更是名声远扬。有一天，从越国京城来了一位黄衣使者，打听着范大夫妇的住址，在范大夫妇店铺前张望了好一阵子。范大夫妇对这位不速之客的行踪发生了怀疑。半个月后，当那使者捧着圣旨来濮院宣召范大夫妇进京的时候，那绣缎庄早已人去楼空。这时镇上的人才知道，那范大夫妇不是别人，是范蠡和西施。

自从范蠡和西施离开濮院后，小镇百姓十分怀念他们，把西施居住过的楼房改名为"妆楼"，把西女儿桥改名为"妆桥"。人们还照西施传下的缎绣技艺，织出了驰名中外的"濮绸"。

讲述者：潘景海
采录者：张松林

天下第一绸

濮绸是我国古代名绸之一，与杭纺、湖绉、菱缎齐名。濮绸最大的优点是经久耐用。自从南宋得名以来，历代都广泛用来制作军旗、战袍等。

明成祖朱棣，带兵打入京城，抢占了皇位，称永乐皇帝。朱棣做了皇帝以后，好不得意，为了壮大自己的声威，认为明朝旗帜不够鲜明，自己出巡和军队打仗时显得不够威严，便下令所有旗帜全部采用国内最好的绸缎来制作。当时苏杭一带的

红拷花绵绸

丝绸制造业十分发达，采办大臣来到苏杭采购上等好绸，路经濮院，听到机杼之声日夜不断，看到家家户户都摆机织绸，便留下来仔细察看织好的绸缎。

他发现濮绸制作精良，不仅手感华润，色泽鲜明，而且绸质特别细密，牢度很强。采办大臣大喜，连忙买了几十匹星夜运回京城。明成祖看后十分满意，下令所有军旗一律用濮绸来做。军队使用濮绸制作军旗后，果然焕然一新，军威大振。这时又有一大臣启奏，建议在长城山海关树立一面特大的旗帜，上书"天下第一关"，以壮大明国威。明成祖准奏，濮绸也因此成为"天下第一绸"。

讲述者：汤利民

采录者：许培甫

桑树干上为啥有疤

杭嘉湖一带是蚕桑地区,差不多家家栽桑养蚕。据传,宋康王(赵构)南渡的时候,因为后面金兵紧追,随员失散,只好在杭嘉湖一带乡间逃难。当时正是春季,这里到处都是茂密的桑林,一根根桑条上,长满桑叶,还生出一串串紫黑色的桑果。他们走走藏藏,藏藏走走,经过一段时间的奔波,康王身边的随从人员剩下没几个了,粮草也已断绝。这天中午,他们路过一片桑林,实在饿的走不动了,就在桑园边的岸滩上歇息。突然,桑园里传出了一阵歌声:"开花不像花,结果不算果,饿饿难择食,采来填填肚。"康王抬头朝桑园里一看,只见一个白发老人,手挽竹篮,一边采桑果,一边在哼唱。他好奇地问道:

"老公公,这野果采去有何用处?"

老人叹口气答道:"没办法,采去当饭吃!"

康王不大相信,又问:"这野果能充饥?"

老人说:"不但能充饥,还能解渴呢。"

听说这种果子能充饥解渴,康王立即命几个随从人员前去采摘。采来一尝,水露露,甜滋滋,味道蛮好。于是他也顾不得什么帝王尊严,便跟随大家一起边采边吃,饱餐了一顿。在以后的一些日子里,康王和他的随从人员就是靠桑果充饥,才渡过了难关。

后来,金兵北返,康王带领随从人员,定都临安(杭州),号称南宋。

这天,康王为了庆祝自己立朝掌政,办起酒宴,款待随他南逃的文武百官。席间,他忽然想起野果充饥的事,马上传下圣旨,命当地官员给这种果树挂上金牌,表示谢恩。可是,由于当时大家饥饿难熬,只顾采果充饥,根本没顾上询问果树名称,所以,谁也说不上这果树的名称。只记得这种果树不高不矮,叶子圆圆的。当地县官接到圣旨,马上找树加封,他看到一棵椿树长着圆圆的叶子,就稀里糊涂地将金牌挂在椿树上。椿树自从挂上了金牌以后,趾高气扬,目空一切。见此情景,桑树越想越气,一气竟将肚皮撑破了。幸亏给停在桑叶上的野蚕看到了,野蚕宝宝急忙张口吐丝,给桑树包好伤口,桑树的伤口才得以很快弥合。所以,从那时起,桑树和蚕宝宝就结下了缘分。

老桑树

其他一些树见椿树无功受禄,冒领金牌,非常气愤,都指着椿树骂:"不要面孔,臭臭臭!"从此,臭椿树就叫出了名。而桑树的树干上,则留下了一个伤疤,一直流传至今。

讲述者:朱阿四

采录者:徐春雷

鱼王庙的传说

从前,有个叫阿毛的人很喜欢用夹子弶黄鼠狼。这天夜里,他把一只夹子放在河边上的车水沟旁边,夹子上放了一只红烧鸡脚扒。第二天,天蒙蒙亮,一只野兔子寻食经过车水沟,闻得这只鸡脚扒蛮香,就想尝尝看,结果头颈被弶牢了,兔子乱撑乱蹬儿下,就断气了。天亮之后,从菱湖方向摇过来一只做鱼干生意的船,准备到水口去卖鱼干。摇船的小青年老远看见岸旁边的夹子上弶牢了一只野兔子,就把船靠岸,摘下野兔子,准备拿回去自己烧了吃。这时,睏在船舱里的老板醒了,就讲:"人家辛辛苦苦弶只野兔子也不容易,拿走了罪过,还是留下吧。"这位青年说:"这样吧,我们用船上顶大的一条鱼干同它换。"老板想想这样比较起来价钱差不多,就同意了,青年回到船上寻了一条最大的鱼干夹在夹子上,就把野兔子拿走了。

过了一会儿,阿毛来收夹子,看见夹子上夹了一条大鱼干,甚是奇怪。拿回家同老头子一讲,老头子吓了一跳,说:"不得了,不得了,鱼怎么会游到车水沟上来了呢?又怎么会变成鱼干呢?这一定是条鱼王,你闯大祸了!"这件事被村上的人晓得后,大家都担心要大祸临头了。

于是,老头子赶紧叫儿子扮个和尚到各地去化斋,准备为鱼王造座庙。三年后,阿毛从外地回来带回很多银子。村上人齐动手,不到半年,就造了一座崭新的"鱼王庙",那条三尺*长的鱼干被供在正厅。众口相传,说鱼王爷很灵,有求必应,一时间,求生小孩的、求治病消灾的人成群结队到庙里来。鱼王庙的名气越来越大,一传十,十传百,很快传到了菱湖。

当年做鱼干生意的老板这时已发了财,但苦于五十几岁了还膝下无子。

---

* 1尺≈33.33厘米,全书同。

听说长兴有个鱼王庙蛮灵,他就慕名而来。老板到鱼王庙烧好香,叩好头,就坐在旁边的客厅里喝茶歇息。他东看看西看看,看见正厅里供着这条鱼干蛮熟悉,像是啥地方看见过,就向人家打听这条鱼干的来历。一位长者就把来历一五一十告诉了他。老板一听是这桩事体,心里想笑又不敢笑,就赶紧把这位长者拉到一边,把自己如何用鱼干换野兔子的经过说了一遍,并再三叫长者不要讲出去。但这位长者回到家里还是把这桩事讲给自己的一

玉鱼组件

位最要好的朋友听了,最好的朋友又讲给了最好的朋友听……于是一传十,十传百,这消息很快传遍了家家户户。

于是,来烧香的人越来越少,最后,鱼王庙成了叫花子落脚的地方。后来,因为年久失修,庙倒塌了,现在连块瓦片头都找不到了。

讲述者:卢勋谋

采录者:田家村

太湖孝子鱼

两千多年前的一个冬天,天寒地冻,连太湖也湖胶了,不少渔船被冻在太湖里无法动弹。

在一只船上,有母子两个人,由于接连几日湖胶,船不能动,船上无任何充饥的食物,母亲又卧病不起,儿子决定抓条鱼来充饥。儿子看看冰冻的太湖,又看看生病的母亲,一咬牙,脱光身上的衣裳,破冰下水,摸了好久,好在终于捉到一条鱼。他已冻得全身发紫,赶紧爬上船身,穿好衣服,正要杀鱼时,只见这条鱼双眼泪流,像是在哀求放了它。

儿子看看生病的母亲,再看看双眼流泪的鱼,左右为难,急极了,心想:"把鱼重新放了,可刚才白冻了一场不说,主要是母亲还卧病在船,等着给烧点鱼汤喝;如果把这条鱼杀了,这条鱼双眼泪流,看着实在不忍心。"想来想去,终于想出个办法来,"对!"他自说自话拿起菜刀,把鱼剖成两片,一片

鱼吻脸

是留着五脏六腑的，一片光是骨肉。他把有内脏的一片，放进太湖里，对它说："鱼呀鱼，你有五脏六腑，回到水里去寻活路吧！借你的半身，我要去救救娘亲的命，请你原谅我。"奇怪的是，那半片鱼，赞头点脑的，好像通了人性，紧接着就摇头摆尾地游去了远处。小伙子高兴极了，连忙把另一片烧了汤，娘喝了鱼汤，吃了这半片鱼，病也日渐恢复。娘也乐，儿也乐。

过了几个月，渔民发现太湖里多了一种从来没有见过的鱼，它宽如手掌，但只有半个脑袋、一只眼睛，也没有椎骨肋刺，浑身透明，可以看见五脏。更稀奇的是，鱼身的一面只有一层薄皮，另一面却是雪白的肉。后来渔民们听到这母子俩讲的故事，恍然大悟，深受感动，就把这种鱼叫作"孝子鱼"，直到如今，太湖里还有这种鱼！

讲述者：陈长寿
采录者：臧胜泉

乌龟的传说

很久以前,山前村有一个聪明善良的姑娘,她父亲常年在外做生意,三年才回来一趟。她的后娘对她极其恶毒,巴不得她早点死,好让亲生女儿独吞家里的财产。后娘给亲生女儿吃好的,穿好的;却给姑娘吃剩的,穿破的。但姑娘一直忍着,从不反抗。

三年快到了,姑娘的父亲就要回来了,后娘想了个坏主意想要害死姑娘,她做了三只像磨盘珠大小的团子,里面放了毒药,对姑娘说:"我和你妹妹要到外婆家去,半个月才回来。这是你的饭食,省着点吃!"姑娘想,这三个团子怎么能过半个月呢?

第一天,姑娘到田埂头挖点野菜和草根来吃;第二天,姑娘到河里去摸点螺蛳来吃;第三天下起了大雪,姑娘不能到外面去弄东西吃了,就准备吃团子。她刚把团子拿出来,突然有人在敲门,姑娘便放下团子去开门。只见一个老婆婆站在门前,一手挽了只讨饭篮,一手撑着根竹竿,浑身瑟瑟发抖。

爆鱼

老婆婆说:"姑娘,我已经好几天没吃东西了,你做做好事,给我点吃的吧!"姑娘一听,心就软了,连忙跑进屋里把三个团子拿来,给了老婆婆。老婆婆接过团子说:"谢谢你,好心肠的姑娘,我没啥来报答你,这件破东西拿去吧!"说完就从讨饭篮里拿出一个破小包往姑娘手里一塞。

老婆婆走了以后，姑娘将小破包打开一看，原来是一件破衬衫。这件衬衫前片是块青白色的布，后片是用十三块六角形零碎布拼凑起来的。姑娘正冻得瑟瑟发抖，就将这件衬衫穿上了，说来也真稀奇，姑娘穿上这件衬衫后，只觉得身上热烘烘的，肚子也不饿了。

半个月到了，后娘走在返家路上心想："这次啊，这死丫头不吃团子要饿死，吃团子要毒死，总归是死定了，啥人也不晓得。"但她跨进家门槛一看，简直不相信自己的眼睛，只见姑娘长胖了，脸也红润了。后娘气得一把揪住姑娘的辫子，拖过来盘问起来。姑娘没办法，只好把全部经过告诉了后娘，后娘一听，晓得讨饭婆肯定不是个凡人，连件衬衫都是宝贝，就把脸孔一板说："你这衬衫是用我的团子换的，还不快脱下来给我穿。"姑娘没办法，只好把衬衫脱下来给她。

后娘拿起衬衫，也不管合身不合身，就往身上套。开始她也觉得身上热烘烘的，后来就不对了，热气越来越大，像火烧一样，烫得后娘受不了。后娘急忙脱衣服，但越脱越紧，任凭她怎么挣扎，衬衫却在不断缩小，与此同时，后娘的身子也越变越小……

最后，黑心的后娘变成了只乌龟，永远穿着那件前片是青白色，背面是十三块六角形的碎布拼成的衬衫。看看自己这副丑恶的样子，怎么有脸见人呢？

所以，乌龟只要一见到人，就把头缩进去。

讲述者：胥爱国
采录者：吴贵连

水元宝——菱的传说（三则）

水乡的人们对号称"水元宝"的菱没有不喜欢的。湖地有支民歌说："金满田（稻），银满塘（鱼），蛋大珍珠（茧）用船装，河港织成水晶网，元宝（菱）浮在水面上。"古诗有"菱花菱实满池塘，谷口风来拂棹香"。俗语有"七月菱花铺水面"。《菱湖竹枝词》也唱道："待得数朝晴日好，家家檐口挂风菱。"

菱湖等地在鲜菱丰收时，有"喜来邀客坐，分与折腰菱"的乡风。民间还把菱视为灵瑞之物，俗称"菱瑞"。下面是三则关于菱的传说。

（一）菱花仙子

天宫的王母娘娘，有个贴身侍女，身材苗条，容貌端丽，乖巧伶俐，机敏灵活，深得王母娘娘宠爱，亲昵地唤她为"小机灵"。

一年初春，王母娘娘带着小机灵到金碧辉煌的灵霄宝殿去与众仙聚会。小机灵趁王母娘娘忙于与众仙谈笑，偷跑到殿侧去玩耍。只见阶下有个花园，奇花异草，争红斗绿，香飘阵阵，蜂飞蝶舞，开心极啦，她像燕子似的飞进了花园。

一进花园，就被园中水池面上飘浮的一种元宝形的仙果给吸引住了，该果玲珑可爱，有粉红的、碧绿的、金黄的。她俯身想要去采摘，突然发现池边八角飞檐亭的每个飞檐翘角上，都挂着一只黄澄澄的金铃。亭内有个看守花园的仙童，正在闭目养神。有一只翠翼花翎的美丽小鸟，时而小憩在飞檐角上，时而绕弯子飞巡一圈。每当它一飞动，那金铃就响一次，"叮咚叮咚"，十分悦耳动听，而那仙童闻声就睁眼看看花园里的动静。

小机灵趁仙童闭目养神的间隙，飞快去水面摘下一个金色的仙果，掰开一看，晶莹洁白、异香扑鼻，小机灵转动着水汪汪的眼睛想道："常听说人间众生，啼饥号寒，寿命短促，常有图饱暖、求长寿的呼声传到上苍，我何不趁此时机掷下几个，拯救一下人间生灵呢？"可是，她又想："我这样做定是要触犯天条的。求那守卫的仙童，怕是不肯恩赐的，不肯倒也不要紧，若禀报了王母娘娘，又要惹是生非了。"她水灵灵的眼睛一转，想出条妙计："只要不让金铃再响，不就可以随意采摘了吗？"于是她趁仙童闭目之时，摘了八个仙果，驾起一朵巧云，用八个掰开的仙果把亭子上的八个金铃内的小铃铛一一粘住。

当那翠翼花翎的美丽小鸟沿亭子飞绕时，铃铛再也没了响声。于是小机灵飞快地去采摘仙果，往口袋里装。这时，却被巡逻的黄灵官瞧见了。小机灵虽知要大祸临头了，但她仍保持镇静，转身退到亭子一侧的圆柱后面，那怒目刀眉的黄灵官步步紧逼，小机灵吓得一声尖叫，守卫花园的仙童也被惊醒了。黄灵官和仙童强令她交出仙果，小机灵却双手紧紧地按住鼓鼓的口袋，死也不肯交。黄灵官举鞭猛地打过来，小机灵趁势翻了个筋斗，口袋也顺势翻了个底，那仙果全被抛向人间，落在水乡一个大湖中。

玉皇大帝闻后要对小机灵施加极刑，王母娘娘却心疼小机灵，要她到人间把仙果收回去将功赎罪。可是小机灵严词拒绝。王母娘娘还想再劝，可玉皇大帝下了圣旨。黄灵官举起鞭子恶狠狠地打下来，只听得惊天动地一声巨响，小机灵已化成无数晶莹透亮的细小玉片，雪花似的纷纷飘向人间，正好撒落在仙果长出的碧绿的茎叶上，顷刻之间变成一朵朵洁白的小花朵。人们说这是天上飘落下来的仙灵之花，把它叫作"灵花"。转眼秋风起，灵花结出了元宝形的果实，人们称它为"灵"。后又称它为"菱"，那花也叫"菱花"。人们知道了事情的原委，小机灵便被人们尊为"菱花仙子"。

直到今天，水乡的人们还常把"机灵""玲珑""灵瑞""灵验""伶俐"等词与她连在一起，当作叫"菱瑞"呢！

（二）菱中殿和菱粉饽

菱国之王有两件稀世珍宝——两只有着碧玉外壳的菱：一只菱中藏着世间最美最佳的食物，一只菱中是一座富丽堂皇的宫殿。

这两只菱能小能大，小时可捏在手中，大时像座碧玉宫；既能在空旷地上竖立，又能匿藏水中；若镶在菱蔓上，与一般水菱毫无异样。

那只能储藏食物的碧玉菱当中是洁白的粉饽，异香扑鼻、香甜嫩脆糯，吃了它能延年益寿，返老还童。

另一只内有豪华宫殿的碧玉菱，其内宫殿金碧辉煌、雕梁画栋、飞檐斗拱，一似菱角，各角挂有翡翠铃铛，迎着风叮当作响。无论地面、门窗、梁柱，无不镶嵌菱图案，宫殿四壁都绘满种菱、采菱、食菱、藏菱等各类壁画，宫殿中的碗盏杯盘、躺卧床椅、宫灯、乐器，无不显示菱形菱色，真是"菱天菱地、菱地菱天"！

一天，菱王带了他的两个女儿来观赏这两只巨大无比的碧玉菱，看后立即念咒将菱变小，分别捏在两只手中，对两个女儿说："你俩都将远嫁了，我想将手中的这两只菱送给你们做嫁妆，但我得听听你们对这两只菱的看法，谁说得正确，我就给谁；各对一半，就一人一只。"姊妹俩连连点头说："谢谢父王！"

"宫殿和粉饽哪个好？"菱王问道。大女儿抢先说："当然是粉饽重要；一旦遇上水旱大灾，也可安度荒年；那宫殿虽很壮观、美丽，但饥时它不能当食物，寒时不能当衣穿呀！"小女儿说："哎呀！如果我们活着只知道吃穿，还有什么意思？美丽的图画，悦耳的音乐，雄伟的宫殿……"没等妹妹说完，姐姐就打断了她的话头，说："好了，好了！饿你三天，我再跟你说理！"

菱王见姊妹争吵，连忙劝阻，并把粉饽菱分给了大女儿，把菱中殿分给了小女儿，说："你们各自得到自己所爱之物！"

时隔不久，来了洪水，将土地全部淹没了。大女儿靠着粉饽过活，吃了剥，剥了吃，十分安稳。她想妹妹如今该懂得粉饽的重要了吧！等她来向我要粉饽,我得先教训她一顿。

姐姐等呀等,等了一年也不见妹妹来要粉饽,心里感到蹊跷不安。便急急忙忙赶到菱中殿来,只见妹妹结结实实,快快活活,便问:

"妹妹,你是怎样活过来的呢?"

妹妹见了姐姐,也很高兴,她说:

"你当我光是看图画,听音乐呀,我是照着殿中的图画自己动手在宫殿周围的水池里学着种菱、采菱;还学着晒菱、风菱、藏菱,连菱壳在医药上的妙用也做了尝试;空下来的时候,我还学习丝弦管笛,学习描菱绣菱,我的日子可过得美满呢!"

姐姐听了,深感自己光知道吃饱了事,十分惭愧。菱王得知了小女儿的过人才智,将两只碧菱全赐给了她。

妹妹非常高兴,邀请姐姐和自己一道在菱殿中住了一年,一起过着丰富多彩的生活。姐姐也是个聪明人,妹妹会的,她也会了。

一天,妹妹念了咒语,菱中殿又变成一只菱角,她把父王给的两只菱角抛向一个大湖,于是那大湖里便生满了碧绿的菱蔓,开出了洁白的菱花,结成了元宝形的菱角。

姐姐说:"妹妹,这样一来,不但我没有嫁妆,连你自己也没有了!"

妹妹说:"要什么嫁妆呢?我们不是都有一双灵巧的手吗?我们已学会了过日子的本领。"姐妹双双都伸出手来齐声说:"灵巧!灵巧!"菱王哈哈大笑,说:"灵巧,菱角!菱角,灵巧!好!好,好!"

直到如今,人们叫"菱粉"为"淀(殿)粉",以纪念那菱中殿⋯⋯

(三)元宝树

从前,江南古龙湖边上,曾有一棵长满元宝的树,元宝里面是银质的,外面还有翡翠的包衣。但这棵元宝树,却被一个恶霸独占了。他怕人们去偷他树上的元宝,沿树四周十几丈外都派了兵丁日夜把守。凡是水陆来往人员都得离树远远的,谁要是不听从他的摆布,就得挨打、坐牢,甚至掉脑袋。

同时，方圆百里的渔民、农民等也因此身陷囹圄。因为，这树每隔三天就要用三十三箩银光闪闪的鱼鳞烧水灌浇，树上才能长出银光闪闪的元宝，一天不浇就会枯萎；每隔七天，还要加浇凉透了的鲜菜汤一次，每次也得用三十三箩青菜煮水使元宝的翡翠外衣滴绿常青。在这个大恶霸日积月累的敲诈勒索下，方圆百里的乡民怨声载道，叫苦连连。

凌波塘边，住着一位姓凌的青年大力士，忍受不了这大恶霸的凶残欺压。有一天，他摇着一条大船到古龙湖去，由于他长得武高武大，整只船艄被都压在水下，船头却翘起一丈高。他的船划到离那元宝树还有十多丈远时，看守的卫兵就凶神恶极地赶到岸边喝住他。这凌大力士哪里肯依，一跃便上了岸，卫兵要向他弄刀动枪，他飞起一脚，一个卫兵被踢进了北面的太湖里；一手又抓去另一个卫兵，甩进了南面的南湖里，其他的卫兵都吓破了胆，赶紧拔腿逃命。凌大力士三步并作两步来到元宝树边，两手捧住那棵元宝树，摇了三摇，那树上的元宝碰得叮当作响。凌大力士又把树向上一提，就连根带须一齐拔了起来，又顺势一扬丢进古龙湖里，只听见轰隆一响，浪花溅起三五丈高。远远近近的人也都赶来看热闹，暗暗高兴。凌大力士干完了这事，摇着船回家去。

玉石鱼

大恶霸得知这棵无价之宝的元宝树被拔掉丢进了湖里，顷刻，蹬脚捶胸，嚎啕痛哭起来。等他清醒过来后，咬牙切齿地要寻这凌大力士算账，但一时却找不到。他牙一咬，眼一瞪，把手下那批爪牙聚集起来，下了一道命令："把周围田地里的庄稼全部践踏个精光，把塘里的鱼全捞起来丢进火堆里烧死。"

凌大力士听说大恶霸在干坏事，连忙摇船赶来，大恶霸正要开口责问，凌大力士一上岸，便拎起那条大木船向他劈头盖脸罩了过去。那恶霸哪能禁得住他这一罩？早扑倒在地，来不及呼救就死了。这时，奇迹发生了，船身渐渐变小，大恶霸的身体也随着收缩变小，渐渐地变成了小小的蝗虫。

这时，天气炎热，稻田颗粒无收，百姓眼看就要挨饿受饥了；可也奇怪，丢在古龙湖中的元宝树长出了成千成万的枝叶，透出水面，开出了洁白的花。到了秋天，茎上长出了翡翠元宝。人们惊喜地去抚摸它，仔细一看，原来它是元宝形状的、绿壳白肉的水果。众人皆喜出望外地来采摘这水果来充饥解渴，并称它为"水元宝"。

因为这水元宝是凌大力士出力的结果，因此给它取名叫"菱"。

可是每到夏天菱苗苗壮的时候，已变成蝗虫的大恶霸还是不死心，它总要爬到菱蔓上蛀蚀幼苗。

采录者：孙其敏　夏秧田

鱼簖的来历

在杭嘉湖水网地带行船,常会碰到"水篱笆"——鱼簖。这鱼簖的来历,说来话长。

春秋末期,越国灭吴国后,范蠡就带西施归隐到德清东门外蠡山漾边,来到此地见千河百汊,心想:"这里比会稽更利于养鱼啊!"早在多年前,他和文种等大臣,曾向勾践献过计:"会稽之地,遍布湖泽鱼池,水中有三江四渎之流,九溪六合之广,上等的鱼池,宜于君王来养鱼;下等的鱼池,宜于臣民来养鱼,养鱼三年九载,其利何止千万,这样越国一定会富裕起来了。"勾践接受了这个养鱼强国的建议,奖励养鱼,因此淡水养渔业空前发展。范蠡想到这里,呵呵地笑了起来。西施问他为什么笑得这样高兴。范蠡把刚才想的事讲了一遍,说:"这里何处不是上等的鱼池啊!"

西施笑道:"可就是我最爱吃的鳜花鱼,一年还吃不上两三回,蠡郎啊,你不给我弄些吗?"

范蠡说:"鳜花鱼味道虽美,到底少而又小;我倒认为还是鲤鱼,个头大、繁殖快,养了真能富民啊!"

西施又说:"鳜花鱼也罢,鲤鱼也罢,这里条条河港相通,你放养得再多,也还不是走苕溪、落太湖,哪个有本事捕捞呢?"

范蠡也叹口气,一时想不出办法来。

一天傍晚,范蠡和西施走过画眉桥,散步来到东邻的荷叶墩。荷叶墩有个远近闻名的打鱼老手,绰号叫"鱼箩头"。鱼箩头正在门前河埠头柳荫下歇息。一见范蠡、西施,他说:

"我正想给你们送一条鳜花鱼去呢。"

西施笑问:"大伯,鱼在哪里?"

鱼笃头向河滩头水中的竹篱笆一指,说:"人家青菜萝卜种在地上篱笆内,我的鳜花鱼'种'在水篱笆内。我们一家都爱吃鳜花鱼,可它嘴巴大、气量小,一出水弄不好就会死,所以我夹了水篱笆,该篱笆多半是用来打鳜花鱼的。今天我捕到的大鳜花鱼,也养在这里。"

说着鱼笃头用柄网三捞两捞,就把那条蛮大的鳜花鱼捞了起来。

西施眉开眼笑地说:"谢谢大伯,我们已吃过夜饭,明天来捞吧,吃个新鲜。"

范蠡、西施和鱼笃头闲聊了一会儿,就漫步回家,走到画眉桥上,范蠡突然哈哈大笑,说:"有了,有了!"西施忙问:"有了什么啦?"

范蠡答道:"我们在河浜里隔个小水篱笆,专养你爱吃的鳜花鱼;在外港,夹个大的水篱笆,用毛竹编起帘子,从港底夹到港面,那里大量放养鲤鱼,这样一来,不就两全其美了。"

传说,澉山乡的蠡山漾,就是范蠡养鱼的所在。而现在外港养鱼的"鱼箵",就是范蠡传下来的"水篱笆"!

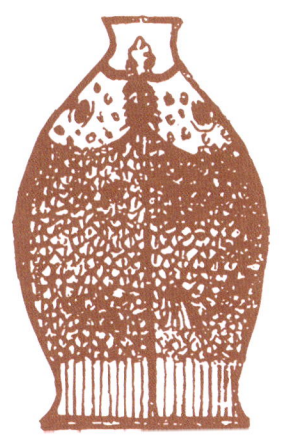
双鱼壶

讲述者:姚德虎

采录者:何村民

渔夫和龙女

从前,有个孤零零的打鱼人在一顶大石桥旁打鱼,日子长了,便和桥神菩萨交了朋友。有一天夜里,桥神菩萨同打鱼人吃酒,吃到兴头上,桥神问打鱼人:"你想去龙宫吗?"打鱼人讲:"我一个凡人怎样去?"桥神:"好办!"就把一张芦扉放在水面上,让打鱼人躺上去。打鱼人只觉头昏目眩,一会儿便到了水晶宫。打鱼人从来没见过这样漂亮的宫殿,这样珍奇的东西!

龙王还办了酒席招待桥神和打鱼人。酒吃得正起劲,只见叽叽喳喳从屋里跑出来三只小鸡。桥神问他:"你喜欢吗?"捉鱼人点点头。桥神就上前向海龙王求赐。龙王讲:"既然你朋友要,就送他一只吧。"打鱼人挑了只最小的带回家去。

从此,打鱼人就同小鸡做伴。每日出门,他用竹圈把小鸡圈好。说来也奇怪,打鱼人每次打鱼回到屋里,见桌上总是摆满热腾腾的饭菜。打鱼人蛮奇怪,有一日就躲在门外,想看个究竟。到了中午时分,忽然见竹圈里的小鸡跳出圈外,一眨眼变成个美貌的大姑娘,熟练地烧好饭菜,放到桌上,又变成小鸡跳进竹圈。打鱼人连忙跑去问桥神菩萨。桥神菩萨告诉他:"小鸡是龙女变的,只要捏个饭团子塞到她嘴里,她就变不回去了。"第二天,正当小鸡出来变大姑娘时,打鱼人从后面上去紧紧把她抱牢,把老早准备好的饭团塞进她嘴里,姑娘再也变不回去了,就做了打鱼人的老婆。

打鱼人的老婆极漂亮,远近闻名。一传传到县官老爷耳朵里,县官老爷亲自登门一看,还得了!这样漂亮的女人哪里去寻!他眼红极了。第二天,他就差人叫打鱼人到衙门,县官问他:"你的老婆是哪里来的?"打鱼人答不出。县官就讲:"那肯定是你骗来的!限你明天把女人送来,由本官处置。"打鱼人一听连忙讲："老爷，不能啊！"县官讲："不送来，就得依我一件事，送七七四十九条鲤鱼来，半斤重一条，不能多一两一钱，也不能少一两一钱！"

打鱼人回到屋里，闷闷不乐。老婆问他有啥心事？他就把县官的话告诉老婆，老婆却说："这是小事，不要紧，明天一大早你把水缸挑满就是了。"

第二日清早，打鱼人挑满了水缸，见老婆从房里拿出面粉，做成粉团，半斤1个，共49个，捏成一条条鲤鱼，再把它们放入水缸，面团鲤鱼碰着水，一条条全活了！打鱼人高高兴兴把四十九条鲤鱼送到县衙。县官大吃一惊，一称，不多不少正好条条是半斤。县官没办法，但还不死心，对打鱼人说："今天的事，因为你是打鱼的，就不稀奇了。明天你给我弄两只活宝来，一只喜欢吃油，一只喜欢吃火，否则，老婆你休想要！"

打鱼人回到屋里，又闷闷不乐，对老婆讲了事情的经过。老婆宽慰他："不要紧，我今天夜里马上去龙宫拿。"当夜，龙女到龙王跟前讲了凡间发生的事，龙王给了女儿两个罐子。

第二日，打鱼人拎了两只罐子来到县衙门里，对县官讲："老爷，一个吃油、一个吃火的活宝到了！"说完，放下罐子转身就跑。两个罐子喷出油和火来，烧死了县官，烧掉了衙门。

从此，打鱼人和龙女过上了平安的日子。

鲤鱼跳龙门

讲述者：夏法元

采录者：姚季方

田螺姑娘

从前,有个小伙子,孤零零一个人过日子。他为人忠厚,靠种二亩薄田勉强糊口。他日日起早出门做活,中午回家烧顿饭吃,再出门做活。有一日,小伙子在田里耕田,拾着一只大田螺,拿家里,养在水缸里。过了几年,有天中午,小伙子回家烧饭,一进门,惊呆了,只见桌子上已摆好热腾腾、香喷喷的饭菜。小伙子蛮高兴,饱吃了一顿。从此以后,日日如此,小伙子觉得怪蹊跷:"这饭菜是哪里来的?啥人烧的?"他想弄明白。

有一日,小伙子照常出门去了,但他没去田里,而是躲在窗外偷偷看。等啊等,午时快到了,只见水缸里突然钻出个漂亮姑娘,淘米烧饭,把饭菜端在桌上,又钻进水缸去了。小伙子赶紧走近水缸一看,缸里啥也没有,只有一只大田螺。自这日后,小伙子虽然餐餐饱,却整日闷闷不乐,人也消瘦了。他和隔壁大娘讲了这桩事,大娘讲:"你交好运了,水缸里的田螺成精了,天天出来帮你烧饭。"小伙子问:"那如何能留牢她?"大娘讲:"你躲在门外,等田螺姑娘到河埠头去淘米的时候,你进屋把田螺壳拿来藏在土地堂里,她就回不去了,你

人伴鱼

就可以同她做夫妻了。"

第二日,小伙子等田螺姑娘到河埠头淘米,马上从水缸里捞起田螺壳放进土地堂里。田螺姑娘回来见田螺壳没了,想变也变不回去了。田螺姑娘便和小伙子成了亲。

成亲后,小夫妻恩恩爱爱。过了一年,生了个儿子。孩子渐渐长大,田螺姑娘的事也渐渐在左邻右舍,村东村西传开了。邻舍的小孩子常找田螺姑娘的儿子寻开心,嘲笑他,还手拿田螺壳,边敲边唱:"笃,笃,笃,笃,你姆妈只田螺壳;叮,叮,叮,叮,你姆妈只田螺精!"这样你讲我讲,左邻右舍多事的婆姨姑嫂,冷言冷语也多起来了。田螺姑娘实在住不下去了,把土地堂里的田螺壳拿出来,对孩子说:"你跟爸爸在一起,乖点。我到你外婆家去一趟就回来。"说着急匆匆往河边跑。扑通一声,田螺姑娘跳进水里,又成了田螺。

从此,小伙子再也没找到这个田螺姑娘!

讲述者:姚阿忠
采录者:鲍根山

虾与蟹

不知你注意到没有,虾与蟹同养在一处时,虾总难免被蟹撕成一片片。说起原因,还有个故事广为流传。

传说很久以前,虾与蟹是对亲兄弟,他们不但名字读音相近,而且互相也很照顾,他俩一起担任着保卫龙宫的差使。

有一次,龙王的一颗宝珠不见了,到处找也找不到,他想:"在我龙宫重地,怎么会丢失宝珠?一般的人根本进不了龙宫啊!难道是守卫者趁人不备盗去了?"龙王越想越疑心。最后,他终于想出一条妙计,让虾和蟹去寻找宝珠,找不到就治他们的罪。

虾与蟹听了龙王的命令后,急得团团乱转。去找吗?希望渺茫;不找呢?难免被降罪。怎么办?时间一天天过去了,眼看限期将到,他们急得像热锅上的蚂蚁。

鹳鱼石斧

限期到了，待龙王召见他们时，虾灵机一动，在自己嘴边粘了几根胡须，然后躬着背向龙宫走去。他见龙王，可怜巴巴地说："龙王啊，我这些日子为了给您寻找宝珠，累得背也驼了，胡须也长出来了，可仍没能找到，还请龙王开恩，饶恕我一次。不过，有个事儿不知当不当讲："那就是蟹听了您的命令后，天天钻到泥里去睡大觉，而不去寻宝珠。"

龙王听了后，见蟹果然精神饱满，一点也不像去寻找了几天的样子，便不由蟹分说，将它处于剐刑。

过了一会儿，龙王忽然感到肚子里有点难受，忍不住"哇"的一声，没成想那颗千寻万找，找也找不到的珠子竟从他的嘴巴里吐了出来。

龙王自知错了，立即下令放了蟹，可惜蟹肚子上已被割了一刀，这个疤至今还在。当虾与蟹一见到这颗害人的宝珠竟藏在龙王肚子里时，都惊得双眼瞪了起来。虾与蟹到现在一想起这件事，眼珠就不由自主地弹起来。

虽然龙王为了弥补自己的错误，允许蟹在任何地方横行，但蟹仍不解气，一见虾就恨得高举双钳，向它拦腰截去。而虾呢，那长须满腮，躬腰驼背的样子再也没改过来。

讲述者：陈玉兰
采录者：余红梅

乌龟背上花纹的来历

乌龟脊背的硬壳原本是整块的，后来为啥会有一条缝呢？这要从乌龟受骗挨打讲起……

有一年，大海里的龙王娘娘要生龙子了，蛮想吃东西，她对龙王说："人家都讲猴心好吃，我也想尝一尝，夫王能给我弄只猴心来吃吃吗？"龙王平时对娘娘都是百依百顺的，更何况她现在有孕在身，就是要天上的月亮，也得去想办法摘落来。

龙王深知猴子不好对付，就召来乌龟丞相，对他讲："龟丞相，孤王养兵千日，用兵一时。现在龙后怀孕在身，要吃猴心，我命你速弄一只猴心来，如有违命，我责打你三百大板。"

"是，大王！"龟丞相嘴里答应，心里却像油煎。它也晓得猴子是刁滑的，想挖出猴子的心谈何容易。可龙王圣旨已下，别无他法，只能硬着头皮走出龙宫，到人间去寻猴子心。

乌龟浮出水面，一眼看见海边一棵大树上坐着一只猴子。乌龟看见后高兴极了，心想："我正要寻你，你倒是在这里！"连忙向岸边游去，来到大树脚下，亲热地对猴子喊道："猴兄弟！"猴子听见有人叫，往下一瞧，原来是乌龟丞相。乌龟说："你一个人在这里玩，有趣吗？不如和我一起到海底龙宫去玩，如何？"猴子老早就想去龙宫看看，今日竟有送上门的好事，真是求都求不到的。"他又不晓得这是乌龟的计谋，就高兴地答应了。

看到水面，他犯难了："那怎样下去呢？弄不好是要淹死的呀！"

乌龟丞相讲："不要急，不要怕，你坐在我的背上，闭上眼睛，我背你下去。"

猴子连忙答应。于是猴子趴在乌龟硬邦邦的背脊上，闭上眼睛，光听见耳边水"哗啦哗啦"响，一会儿工夫就到了海底，来到龙宫门口，乌龟叫猴子睁开眼睛，猴子看到眼前的一切，不禁赞叹道："好一个水晶宫啊，真好看！"猴子正玩得起劲，乌龟讲：

"猴兄弟，今天请你下来是龙王的旨意，龙王娘娘怀孕了，想吃猴心。龙王命我请你下来，借你的心用一用，想你是不会不肯的。"

乌龟丞相想："你猴子到了水底下，横纵逃脱不了。"猴子一听，晓得自己上当了。怎样才能逃出去呢？它眼睛一转，眉头一皱，计谋就来了，讲道：

"哎呀！你怎么不早点讲呢，我在岸上的时候，把心挖出来挂在树上晒着呢！一听要来龙宫，一高兴给忘了带了！"

乌龟丞相一听，慌了，光带一只猴子，心没带来，可要吃三百大板呀！这可怎么办呢？乌龟丞相急得团团转。猴子装得蛮同情的样子说：

"既然老兄这么为难，只有再回到岸上去拿了。"

乌龟丞相一听，可高兴了，连忙讲"那太好了！那太好了！"就这样，乌龟又背着猴子回到岸边。刚上岸，猴子一纵身跳上大树，对乌龟讲：

"哈哈！龟大哥！谢谢你把我送回来！回去复旨吧，我们猴子的心，你是永生永世吃不着的！"这时候乌龟丞相才晓得自己上当了，只好围着大树转，张着眼睛看着猴子在树上取笑他。

乌龟丞相懊恼地回到龙宫，把事情经过一五一十地讲给龙王听。龙王一听到手的猴子又让他逃掉，气得浑身发抖，一声呼喊，只见左右冲出一班虾兵蟹将把乌龟按倒在地，几十根棍棒一齐打下，直打得乌龟哭爹叫娘。平时乌龟丞相欺上瞒下，作威作福，这班虾兵蟹将都恨极了他，今天大家总算有个机会出出气了。大家拼命地打，那硬邦邦的乌龟壳竟被打得四分五裂。不过，亏得这硬邦邦的乌龟壳，才保住了乌龟的一条性命，不然的话，恐怕世界上找不到一只乌龟了。

直到现在，乌龟壳上还留有斑斓的裂缝！

讲述者：董敦品
采录者：董银俊

杨俊成首养"四大家鱼"

杨俊成是建邺（今南京）人，书院的教习。三国时吴国苛捐杂税繁重，连年战乱不断，民不聊生，杨俊成生活艰苦。

苦于生计，被逼无奈，他和妻子、四个儿子只好离开建邺，沿水路，乘破船，辗转月余，来到了龙溪港边（今菱湖镇查家簖村北面的莲花滩），破船漏水，无法再航行，上岸一看，只见芦苇丛生，满湖菱藕，便和妻儿挖藕煮熟而食；并挖土奠基，建造草棚安身，这个地方就是漾里。

不久到了中秋节，他们一家采集了菱、藕、芋艿、白扁豆、茭白、韭菜、鸡头米（芡实）、莼菜、青菜、黄南瓜，煮熟吃了顿中秋团圆饭。杨俊成说："这十样蔬菜饭就叫'十考'吧！"后来，他们便种桑养蚕；还在空地上挖了一口池塘，把捕捞的鱼蓄养起来，取名"盼幸塘"，意思是盼望幸福来。

几年后，杨俊成一家栽桑养鱼，生活逐步富裕起来。这时天下太平，他就回建邺探亲扫墓。他的弟子有的已经做了大官，知道恩师回来了，便同游泽心山（今金山）。在乘船回府时，看到长江中有很多细若针锋的鱼苗，杨俊成便说："这是仙养鱼（从此，菱湖人称长江天然鱼苗叫仙养鱼），可以蓄养之。"他的弟子便命人捕捞，带回官府，养在荷花缸中。第二天一早，杨俊成边喝豆浆，边看缸中的仙养鱼，心里非常高兴。一不小心，碗中豆浆滴洒在荷花缸中，不料鱼苗一下子围聚豆浆而争食。由此，他想到可用豆浆喂鱼苗。几天后，他乘丝网船回菱湖，将装鱼苗的荷花缸带回家中，沿途就用豆浆喂食。他将鱼苗放到盼幸塘后，也用豆浆喂。到了冬天，干塘捕鱼时，竟捞起了数十尾青鱼、草鱼、白鲢、花鲢，杨俊成就称为"四大家鱼"；从长江捕捞鱼苗并用豆浆喂养方法，菱湖人一直沿用至今。

第二年春天，他又到建邺长江边捞了鱼苗。回到菱湖后，一半鱼苗放到盼幸塘；又挖了一口池塘，再将另一半鱼苗放养，因迟放养了几天，鱼苗死掉很多。到冬天干塘时，盼幸塘多了黑鱼、鲶鱼、鳜鱼等野杂鱼，"四大家鱼"却所剩无几；而新开塘"四大家鱼"很多，野杂鱼很少。

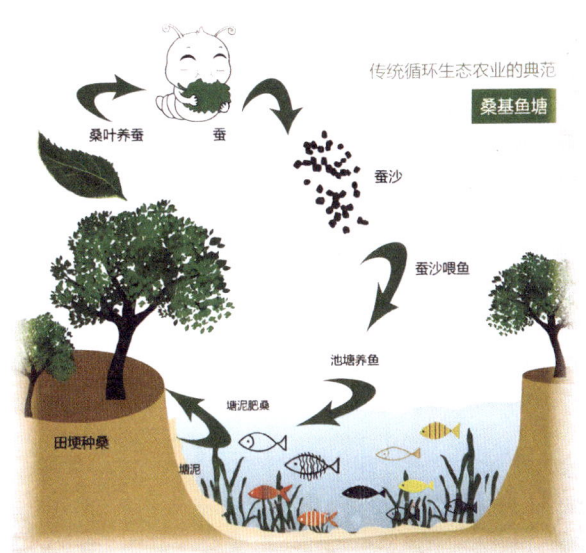

桑基鱼塘生态循环系统

到了第三年春天，再运回鱼苗时，杨俊成细心观察，原来鱼苗在缸里因缺氧浮头，多半是野杂鱼，"四大家鱼"不易浮头。经过多年实践，杨俊成又掌握了运鱼苗途中剔除野杂鱼苗的方法。

杨俊成通过多年栽桑养鱼，家业日益兴旺。邻近村民跟着杨家子孙开塘筑堤，从事种桑养鱼，逐步形成了今天菱湖成片的桑基鱼塘。从长江捕捞鱼苗、运输途中对鱼苗喂豆浆、投喂煮熟鸭蛋黄、利用浮头剔除野杂鱼苗、放养入池，这一系列养鱼经验的总结和推广，杨俊成不愧是继范蠡养鱼祖师爷后，菱湖人工池塘养鱼、培育"四大家鱼"的又一个祖师爷。

杨俊成掘地成塘的盼幸塘，现今还在查家簖村西洋里；他开挖的金丝港，现在筑堤围成了金丝塘，也在村西边；村北龙溪港边的莲花滩还在；他后来造的修心寺和杨家大院虽然已不复存在，但寺前圩近200亩田畈经改造，成了菱湖公路快速干道和新菱湖中学。

原载《千年古镇魅力渔都——菱湖镇淡水渔业志》

乌金子与鱼汤饭

青鱼为四大家鱼之首，由于其售价高，人称"乌金子"。陈家菜原为私房菜，目前已开发成荻港渔庄的特色菜。荻港渔庄还把源自民间的"鱼汤饭"发展成鱼桑文化节。

（一）荻港"乌金子"

"天下渔工出菱湖。"菱湖、荻港一带地势低，当地人早在三国时就会掘塘养鱼。当地人将鱼塘分为荤素两种。养鱼人糊螺蛳来养青鱼，即荤鱼塘。青鱼吃螺蛳，一般要养上几年，才能养成十余斤的大青鱼。

民国初年，军阀混战，社会治安较差。冬天干鱼塘前，经常能听到张家或李家的女人呼天抢地地哭骂。一听这架势，当地人就知道谁家养了几年的荤鱼塘晚上被强盗拉网偷捕了大青鱼。

陈果夫父亲陈勤士和朱五楼侄儿朱古香是当地乡绅。1925年，他们联合荻港其他乡绅一起组建"正大企业有限公司"，在朱氏鸿志堂设立农业办事处，办淡水养鱼场，建荻港渔业合作社，无息贷款给村民养鱼。他们组织当地农民成立护鱼队，保护当地鱼业生产。护鱼队员统一服装，佩戴徽章，每天晚上摇船巡逻护鱼。

陈果夫日后成了荻港朱家的女婿，抗日战争胜利后陪夫人回荻港省亲，向护卫队发放服装和武器。当年大多数菱湖养鱼人不敢把鱼贩卖到上海去，怕路上遭强盗抢鱼。护鱼队负责保护荻港的乌青鱼运输到上海十里洋场售卖，当年一担青鱼可换到一两黄金，荻港青鱼由此赢得"乌金子"的美誉。

（二）陈家菜

清朝雍正年间，荻港章氏凤藻堂的章有大，考中进士。雍正皇帝召见四个新科进士殿试，问鱼儿哪个部位最好吃？赵进士说鱼头，钱进士说鱼尾，孙进士说鱼背，李进士说鱼肚，四人争执了起来。雍正皇帝想到章有大来自"鱼米之乡"湖州，就传唤他来殿试。章进士侃侃答道："春天暖洋洋，鱼儿肥头，鱼头鲜美；夏天热火火，鱼儿尾肥，鱼尾好吃；秋天鱼儿爱浮头，鱼肥背脊嫩，鱼背脊鲜嫩；冬天鱼沉河底，鱼儿肥肚皮，鱼肚肥美。所以，我老家吃鱼的经验是'春吃鱼头夏吃尾，秋吃背脊冬肚皮'。"皇帝一听，赞叹道："湖州人吃鱼真是门槛精！"

民国年间，湖州出了一位比章进士还要厉害的"吃客"陈果夫。陈果夫自小体弱，对烹饪、营养、口味十分讲究。陈果夫成为国民政府要员后，吃遍了大江南北的美味佳肴。他的私家厨师施庆生是荻港高厨，施庆生烧菜不喜欢用来自日本的"味之素"，而是用老母鸡炖出鲜汤来吊味，做出来的菜肴能品出鸡汤之鲜，因此得名"鸡骨头"庆生。"吃客"陈果夫经常对施庆生讲自己最近又吃到了哪里的特色菜肴，并教他反复尝试。"鸡骨头"庆生悟性好，能吸收各地名菜特色，融入江南水乡口味，创出了独具风味的陈家菜肴品牌，名扬上海滩。他最拿手的菜除了烂糊鳝丝、臭豆腐虾仁炒蛋、生熯肉饼子，还有炒青鱼块。他把鲜活的青鱼洗干净后，在干净的墩头上斩杀切块，用干净的抹布擦干净后，不能水洗，直接起油锅炒，炒出来的青鱼块特别鲜嫩肥美。

"鸡骨头"庆生收了两个关门徒弟陈文学与钱荣华。陈文学手艺高超，后被赏识，调入湖州饭店，担任湖州市餐饮行业协会会长，创出了名扬中外的湖州"百鱼宴"。钱荣华则将陈家菜传授给了荻港渔庄。

（三）鱼汤饭

用柴火灶炖鱼汤饭

荻港的腊月习俗，谁家要捕鱼了，就叫上几家亲邻好友，带着各家的鱼网，一起结成一个大网下网捕鱼，之后几天再把鱼塘的水抽干，抓捕塘底的鱼虾。为庆祝一年的丰收，大家都集中在一起，吃一顿以鱼为主的"鱼汤饭"。

抗战胜利后，陈果夫陪夫人回荻港省亲。乡亲们争相邀请陈果夫去吃"鱼汤饭"。陈果夫带"鸡骨头"庆生去吃了几次"鱼汤饭"，就问庆生有什么想法。庆生说："'鱼汤饭'很丰盛，可惜鱼汤淘饭，吃上去总有些鱼腥味。"陈果夫说："鲍汁扣饭是一道没有鱼腥味的名菜。你试试看，能用我们当地的什么鱼烧出鲍汁扣饭那样的'鱼汤饭'来。"庆生试着用青鱼炖出酱香的浓汤，请陈果夫品尝。陈果夫吃过后大加赞赏："这青鱼做的'鱼汤饭'不错，浓香美味，又没有鱼腥味。"从此，荻港人就用青鱼炖出酱香味的浓汤来淘饭，请珍贵的客人品尝鱼乡"鱼汤饭"。

讲述者：章金财　钱荣华
采录者：庞勇强

歌谣类

采桑叶

龙蚕娘

龙蚕娘原本住天庭,
天庭上面多清净。
黄帝手里下凡尘,
世代相传到如今。
千龙蚕,万龙蚕,
一年四季保平安。
今年蚕岁轮到东南西北方,
就向东南西北方掸龙蚕。
先掸龙蚕廿四分,

后掸龙蚕好收成。
头眠眠得齐崭崭，
二眠眠得崭崭齐。
出火过去大眠到，
大眠放叶三昼时。
三昼时里旺吃叶，
吃叶好比龙喝水。
当家老板运气好，
买叶买在贱头上。
三钱银子来开价，
后来买得两钱外。
毛竹扁担两头尖，
咯吱咯吱挑到府门前。
大眠吃到七昼时，
七昼时里要上山。
搭起山棚像高山，
扎起帚头像凉伞。
大茧做来像鹅蛋，
小茧做来像鸭蛋。
大一箩、小一箩，
摘了几蓘数不清。
东家老板喜开心，
即刻请人动丝车。
七十二部丝车两路排，
当中出路拿茶汤。
做丝伙计手巧精，
车车要脱百两另。
红袄包，绿袄包，

包了无数大袱包。
东家老板运气好，
卖丝卖在贵头上。
五两银子来开价，
后来卖得几百外。
丝行里头排头家，
银子卖了几千外。
东家老板想要放，
东家娘娘想要藏；
不要放来也不要藏，
到杭州城里去开爿大钱庄！

讲唱者：张舜财

采录者：吴贵连

湖丝阿姐真苦恼

月亮弯弯照楼梢，
湖丝阿姐真苦恼！
借手拿把文明扇，
顺手拎只讨饭篮。

讲唱者：黄瑞珍

采录者：严树学

送丧十二个绵兜

日出东方紫云高,
架起龙门到厅堂。
红漆脚桶掇出来,
烧水拿来抹身上。

先潮面来后潮身,
潮好面来穿衣襟。
半夜过去头鸡叫,
手拿绵兜翻逍遥。

头一个绵兜初起头,
头顶翻到脚后头。
冬天翻了浑身暖,
夏天翻了水风凉。

第二个绵兜凑成双,
长幡宝盖来领路。
金童玉女送过桥,
手拿清香见阎王。

第三个绵兜三鼎甲,
举人秀才有半百。
十八个翰林来送丧,
外加还有文武状元郎。

第四个绵兜翻四角,
去朝官府送朝本,
天下无事保太平,
风调雨顺福满门。

第五个绵兜是白线,
推开黄光见佛面,
推开云障见日头,
推开乌云见青天,
推开浮萍见清水。

第六个绵兜是六邻,
保护亲戚邻舍都太平。

第七个绵兜七名扬,
铁拐李临街开爿团子店,
阳间凡人吃了活千年。

第八个绵兜是八仙,
住在人间天堂三周年。
人人说道无介事,
倒是成了活神仙。

第九个绵兜是观音,
救苦救难救凡人。
前世不曾讨了阴阳寿,
来到这世里原得有福有寿投个惬意人。

第十个绵兜翻和顺,
上桥也有清水铜面盆,
下桥也有棋盘花手中。
桥神土地眯眯笑,
空手无事走过桥。

剪纸聚宝盆

第十一个绵兜加一绡,
身长六尺转逍遥。

第十二个绵兜翻完成,
保护那亲子亲孙出门碰着摇钱树,
进门得只聚宝盆!

讲唱者:张吾清

采录者:黄墨林

呼蚕花（一）

喔，㖏㖏，
咩咩嘛嘛，
蚕花落伢笪里来，
白米落伢田里来，
搭个蚕花娘子一道来。
落伢囤里千万斤，
落伢蚕花廿四分。
东一村，西一村，
烧香念佛看戏文；
东也宁，西也宁，
风调雨顺享太平。

讲唱者：孟宝姑　卞锦文　姚法元
采录者：车建坤

呼蚕花（二）

猫也来，狗也来，
蚕花宝宝跟伢同介来。
天上落下蚕花来，
水上泛起鱼花来。
蚕花——啊来，鱼花——啊来，

蚕花落拉伢蚕笪内，

鱼花落拉伢鱼塘内。

地皮底下泛起银子来，

大元宝搭伢门角落里滚进来，

小元宝搭伢户槛缝里轧进来。

放得三十六爿麒麟当，

轻船去，重船来，

廿四个朝奉收帐来，

蓬啪！铜钿银子上搁栅。

石淙蚕花

讲唱者：郑风械

采录者：郑　雄

附记：吃过年夜饭，湖地儿童们兴高采烈，提着马头灯、元宝灯、鳖鱼灯、兔子灯等，点燃灯里的红烛，在村前屋后，田头地角，闪闪烁烁，来回奔逐嬉戏。嘴里唱着此类谣曲，闹到黄昏静，俗叫"呼蚕花"。

马鸣王赞

蚕宝马鸣王正君，

蚕王天子圣天帝。

听赞菩萨马鸣君，

马鸣王菩萨进门来，

身骑白马坐莲台。

请问菩萨归何处，

特来降福又消灾。

菩萨妙法九霄云，

方便慈悲救万民，

观世音上广寒宫，

马鸣王菩萨化蚕身。

看蚕娘子不知蚕宝何处寻，

蚕身出在婺州城。

家住婺州东阳县，

小孤村上有个刘氏女，

每逢初一半月去斋僧。

刘氏生下三个女，

三位女儿貌超群。

大女二女早完婚，

唯有三女不嫁人。

三女取名叫金仙女，

年登十八正青春。

青丝细发蟠龙髻，

聪明伶俐赛观音。

有朝一日身染病，
看看病重在其身。
三餐茶饭全不吃，
一病不起命归阴。
只有亲娘不舍得，
买口棺材葬其身。
葬在花园桑树下，
浑身白肉化蚕身。
上树吃叶无人晓，
树头做茧白如银。
凡人见了白茧子，
是要收来传万村。
男女见茧嘻嘻笑，
上山采茧心欢喜。
摘茧公公多欢心，
请得巧匠就把丝来做。
做丝须用拨温汤，
做得细丝千万两，
至今留下传万村。
自有好人收好种，
万古流传有名扬。
冬天穿了浑身暖，
夏天穿了自然凉。
年年有个清明节，
家家拜谢马鸣王。

采录者：黄墨林

蚕花谣

马鸣王菩萨坐莲台,
到侬府上看好蚕。
马鸣王菩萨生在啥所在,
生在东阳义乌县。
马鸣王菩萨要吃啥素菜,
要吃千张豆腐干。
阳春三月正清明,
养蚕就在谷雨边。
蚕花娘子忙催青,
蚕种焐在被里面。
焐了三天看一看,
布子上面绿茵茵。
切出桑叶金丝片,
引出蚁蚕万万千。
头眠眠得崭崭齐,
二眠眠得齐崭崭。
火柿开花捉出火,
楝树开花捉大眠。
大眠捉得真真好,
连夜开出两只买叶船。
一只开到许村去,
一只开到庄婆堰。
昨日价钱三千六,

今朝贱掉一大半。
难为一摊老酒钿，
船里装得满堆堆。
拔出篙子就开船，
顺风顺水摇到桥堍边。
毛竹扁担两头尖，
一肩肩到蚕房边。
当家娘娘有主意，
攀枝桃树鞭介鞭。
喂蚕好比龙风起，
吃叶好比阵头来。
龙蚕看到五昼时，
七八昼时要上山。
前屋后屋都上到，
还有三埭小伙蚕。
上来上去没处上，
只好上在灶脚边。
隔了三天看一看，
好像十二月里落雪天。
大的茧子像鸭蛋，
小的茧子像汤团。
一家老小大家来，
茧子采了几十担。
三十六部丝车两行摆，
敲落丝车把船开，
粗丝要往杭州送，
细丝要往湖州载。
银子卖了几十两，

眉开眼笑回家转,
当家娘娘要放,
当家爹爹要伉,
当家娘娘存心办嫁妆,
当家爹爹要造楼房。
今年蚕花收成好,
全靠马鸣王菩萨上门来,
恭喜发大财!

讲唱者:浦炳荣　王仁龙

采录者:徐春雷

附记:此歌亦称《马鸣王》,旧时民间艺人上门乞讨时所唱。演唱时手持马鸣王神像,边敲小锣边唱。流传桐乡留良、同福、青石等地。

扫蚕花地(一)

一

三月天气暖洋洋,
家家焐种搭蚕房,
蚕房搭在高厅上,
帒纸窗糊得泛红光。
蚕花娘娘两边立,
聚宝盆一只贴中央。

蚕子烊在蚕笪内，
乌儿出得密密麻麻。
手拿秤杆来挑种，
轻轻鹅毛掸龙蚕。
龙蚕落笪忙扎火，
下面扎火暖洋洋。
快刀切叶铜丝绕。
轻轻拿叶喂龙蚕。
三日三夜头眠郎，
两日两夜二眠郎。
菜籽剎花蚕出火，
楝树花开做大眠。
上年大眠做不出，
今年羌羌要做几百两。
大眠开桑一昼时，
吩咐龙蚕要过䅆。
蚕凳跳板密密麻，
龙蚕摆着下地棚。
采桑摘叶忙忙碌，
大担小担转家乡。
拿起叶箩馎龙蚕，
抛叶掸叶馎龙蚕。
大眠放叶四昼时，
丝头裊裊上山棚。
高搭山棚齐胸盘，
蚕毛稻草插得崭崭齐。
龙蚕捉在金盘内，
吩咐龙蚕去上山。

南厅上去三眼子,
北厅上去四眠蚕。
东厅上去多丝种,
西厅上去玉龙蚕。
东家娘娘私房蚕花无上处,
上伊穿堂两过路。
龙蚕上山忙扎火,
四厅扎火暖洋洋。
龙蚕上山三昼时,
推开山棚看分明。
大的"帽顶"半斤重,
小的"帽顶"近四两。

缫丝

上年蚕子落不出，
今年羌羌要秤几百两。
东家老板真客气，
挽起篮子走街坊。
买鱼买肉买荤腥，
东南西北唤丝娘。

三十六部丝车两坎装，
当中出条小弄堂。
小小弄堂做啥用，
东家娘娘送茶汤。
脚踏丝车啊咕响，
绕绕丝头攒在响叶上，
做丝娘娘手段高，
车车敲脱一百两。
粗丝卖到杭州府，
细丝卖到广东省。
卖丝洋钿无法数，
扯了大木造房廊。
姐姐造了绣花楼，
官官造了读书房。
高田买到杭州府，
低田买到太湖上！

二

扫地扫到羊棚头，
养只羊来像马爹。

扫地扫到猪棚头，

养只猪猡像黄牛。

今年蚕花扫得好，

明年保佑三十六。

高高蚕花接了去，

亲亲眷眷都要好。

今年扫好蚕花地，

代代子孙节节高！

讲唱者：杨莜天

采录者：徐亚乐

附记：《扫蚕花地》是清末至民国时期，广泛流传于湖嘉蚕区的主要乡俗活动之一。春节与清明前后（后者居多），蚕农要请艺人到家来"扫蚕花地"。一般在农家中堂屋或蚕房表演，也在"抬马鸣王菩萨"的庙会上表演。表演者多为女性。

扫蚕花地（二）

花蚕宝宝啥个出身？

神神灵灵传到今：

元帅出征失女儿，

银丝宝马救千金。

元帅为你配婚姻，

宝马为你带回程。

千金宝马都已死,
生下花蚕宝宝暖众人。

讲唱者：董金荣
采录者：徐亚乐　叶中杰

佯扫地

恰巧恰巧真恰巧,
今年来了我陆阿小。
多年不来扫,
年成也还好;
今年来扫扫,
年成越加好。

扫得当家菩萨哈哈笑,
灶家菩萨打虎跳,
财神菩萨送元宝。
东家师娘侬讲好不好?
好好好,还要好。

嘟啦啦一扫帚,
扫帚扫到东,
东边有对好青龙。
青龙盘水缸,

黄龙盘谷仓,
乌龙盘酒缸。
盘得缸缸满甏甏满,
一年四季吃不完。
东家师娘侬讲好不好?
好好好,还要好。

嘟啦啦一扫帚,
扫帚扫到南,
东家今年要养蚕。
头眠不算眠,
二眠白洋洋,
三眠吃得刷刷响,
做起茧来石骨硬。
东家师娘侬讲好不好?
好好好,还要好。

嘟啦啦一扫帚,
扫帚扫到西,
西边有双好金鸡。
只吃谷,不吃米。
一日啼三啼。
啼得角子装在稻桶里,
要用钞票皮箱里。
东家师娘侬讲好不好?
好好好,还要好。

嘟啦啦一扫帚,

扫帚扫到北,
东家今年要造屋。
造起前三厅后三厅,
第一厅读书厅,
第二厅绣花厅,
第三厅老板吃酒散散心。
东家师娘侬讲好不好?
好好好,还要好。

嘟啦啦一扫帚,
扫帚扫到猪棚头,
养起猪来大如牛。
头皮像畚斗,
耳朵像蒲扇,
三百斤个头,
四百斤格油。
东家师娘侬讲好不好?
好好好,还要好。

嘟啦啦一扫帚,
扫帚扫到房里头。
房里头,真考究,
八脚眠床红板凳,
大红棉被放里头,
白铜帐钩分左右,
两只狮子滚绣球,
两头一双绣花枕,
生个宝宝中状元。

讲唱者：张仁明

采录者：方吉林

附记：伴扫地是一种乞讨形式。旧时春节，乞丐手拿小扫帚（一种制作精巧的扫帚道具），演唱伴扫地歌。东家给他的米、年糕或钱，要比一般乞丐优厚。

包公夸桑枝

太阳出来照长沙，
照到长沙百万家。
正宫娘娘生太子，
文武百官插金花。
只有包公不爱俏，
摘根桑枝头上插，
万岁一见忙问他：
朕叫一声包卿家，
金花银花你不戴，
你戴桑枝丑孤家。

包公一听回言答：
我主万岁听根芽，
你家桑枝不为贵，
我把桑枝夸一夸。

人吃桑果甜如蜜,
蚕吃桑叶抽长纱,
万岁龙袍要它做,
寻常百姓难少它。
万岁一听笑哈哈,
小小桑枝赛金花。

讲唱者：肖克金
采录者：莫金荣

采桑歌

东采桑，西采桑,
桑树底下来回忙；
箩里满，篰里装,
饲得宝宝白又壮。

演唱者：陈柏青
采录者：吴国泉

四月天

蚕要温和麦要寒,
秧要日头麻要干;
看蚕娘娘心头急,
厌雨恶晴天难办!

采录者：沈一超

养蚕忙

一到四月五月天,
家家养蚕不得闲。
哪怕日日忙辛苦,
只怕蚕饿不结茧。
叶大要拿刀切细,
叶湿要用布擦干。
儿啼女哭顾不得,
把蚕当作儿女看。
头眠二眠三四眠,
结成茧子白又鲜。
缫丝织绸制衣服,
穿在身上轻又软。

提花织机

演唱者：吴志琴

采录者：丁欢庆

扫蚕花

手捏扫帚唱上门，
蚕花越扫越茂盛。
一扫扫到摇车边，
摇出纱来细稠稠。

二扫扫到猪棚头,
养只猪猡像牯牛。
三扫扫到羊棚头,
养只羊,像白马。
四扫扫到灶脚边,
白米饭,香喷喷。
五扫扫到蚕房门,
蚕花要采廿四分。

演唱者:朱春荣
采录者:徐春雷

附记:此歌为旧时民间艺人上门乞讨时所唱。唱者手持一把稻柴扎成的扫帚,在门口边扫边唱,祝福蚕花茂盛。

撒蚕花

新人来到大门前,
诸亲百眷分两边,
取出银锣与宝瓶,
蚕花铜钿撒四面。
蚕花铜钿撒上南,
添个官官中状元。
蚕花铜钿撒落北,

田头地横路路熟。
蚕花铜钿撒过东,
一年四季福寿洪。
蚕花铜钿撒过西,
生意兴隆多有利。
东西南北撒得匀,
今年要交蚕花运。
蚕花茂盛廿四分,
茧子堆来碰屋顶。

演唱者:李德荣
采录者:徐春雷

附记:桐乡百桃一带旧俗,新娘接至新郎家门口时由喜娘唱此歌,新郎家须向四周撒一些钱币,称"撒蚕花铜钿",意在祝福蚕茧收成好。

接蚕花

四角全被张端正,
二位对面笑盈盈,
东君接得蚕花去,
看出龙蚕廿四分。
大红全被四角齐,
夫妻对口笑嘻嘻,

双手接得蚕花去，

一被蚕花收万倍。

演唱者：沈应龙
采录者：徐春雷

旧俗：建新房上梁时，木匠在梁上向下抛撒糕点，边抛边唱。房主手扯被单在下面接抛物，俗称"接要花"。邻里抢点没落在被单上的糕点，也沾点蚕花喜气。

赞蚕花

青龙到，蚕花好，
去年来了到今朝，
看看黄蟒龙蚕到，
二十四分稳牢牢。
当家娘娘看蚕好，
茧子采来像山高；
十六部丝车两行排，
脚踏丝车鹦鹉叫。
去年唤个张大娘，
今年唤个李大嫂；
大娘大嫂手段高，
做出丝来像银条。
当家娘娘为人好，

滚进几千大元宝，

上白绵兜剥两肖，

送送外面个放蛇佬。

讲唱者：倪惠通

采录者：徐春雷

附记：旧时养蚕春前夕，桐乡农家有携带黄蟒蛇的民间艺人（俗称放蛇佬），演唱此歌上门乞讨。蚕农迷信黄蟒蛇为青龙，认为青龙到龙蚕即到，龙蚕到则蚕花好，故对此种乞讨，非常乐意施舍；东家均施绵兜，故也称"唱绵兜"。

经蚕肚肠

第一转长命百岁，

第二转成双富贵，

第三转连中三元，

第四转四季发财，

第五转五子登科，

第六转六路进财香，

第七转七世保团圆，

第八转八仙祝寿，

第九转九子九孙，

第十转十享满福。

蚕肚肠经得匀，

年年蚕花廿四分。

演唱者：庄阿三

采录者：徐春雷　杨连松

附记：桐乡河山乡一带，旧时新娘婚后第二天，要参加一次"经蚕肚肠"仪式。即在厢屋中，以四椅围成圈。圈中置一栲栳，内放面条、蚕种、秤杆（面条，意长寿，蚕种，意蚕花茂盛，秤，意称心如意），由喜娘持染红丝绵打成棉线带领新娘绕椅盘转，边转边将红棉线绕于椅背之上，边绕边唱此歌，意在祝福新媳妇将来养蚕缫丝吉利。

讨蚕花

手扯绵兜讨蚕花，

亲人阴灵来保佑。

手捏鹅毛掸龙蚕，

筐筐龙蚕廿四分。

手捏黄秧种青苗，

爿爿田里三石挑。

养只猪，像牡牛，

养只羊，像白马。

出门碰着摇钱树，

进门碰着聚宝盆。

脚踏云梯步步高，

回步捧进大元宝。

讲唱者：张金兰

采录者：徐春雷

附记：旧时桐乡河山一带农村，人死后有讨蚕花的风俗：死者入殓时，其晚辈（如儿子、外甥、侄子、孙子等）夫妻双双，随带四肖绵兜，来到棺木旁边，取三肖二人扯长，蒙于死者身上。留下的一肖称"蚕花绵兜"，带回给小孩翻用，据说可避邪。在扯蒙绵兜时，由死者一平辈（须是女性）在一旁念唱此歌，称"讨蚕花"。此俗意在祈求死者保佑后辈生活安乐，养蚕顺利。

马明王

马明王菩萨到府来，
到你府上看好蚕。
马明王菩萨出身好，
出世东阳义乌县。
爹爹名叫王伯万，
母亲堂上王玉莲。
马明王菩萨净吃素，
要得千张豆腐干。
十二月十二蚕生日，

家家打算蚕种腌。
有的人家石灰腌，
有的人家卤池腌。
正月过去二月来，
三月清明在眼前。
清明夜里吃杯齐心酒，
各自用心看早蚕。
大悲阁里转一转，
买朵蚕花糊笪盘。
红绿绵绸包蚕种，
轻轻放在枕头边。
歇了三日看一看，
打开蚕种绿艳艳。
快刀切出金丝片，
引出乌蚁万万千。
三日三夜困头眠，
两日两夜困二眠。
楝树花开困出火，
大眠捉得担头多。
一家老小笑呵呵，
当家大伯有主意。
桑园地里转一转，
旧年老叶不缺啥。
今年老叶缺两千，
当家娘娘有主意，
连夜开出两只买叶船。
一只开到许村去，
一只开到章埠埝。

望去一片兴桑园,
停脱船来问价钿。
上午贵到三千六,
晚上贱脱一大半。
难为三摊老酒钿,
装得船里满潭潭。
拔起篙子就开船,
顺风顺水摇到石坨边。
你一担来我一肩,
一挑挑到大门前。
当家娘娘有主意,
拿枝长头鞭三鞭。
连吃三餐树头鲜,
个个喉通小脚边。
东山木头西山竹,
搭起山棚接连圈。
八十公公垛毛柴,
七岁官官端栲盘。
前厅后埭都上满,
还剩几匾小伙蚕。
上来落去无处上,
只得上到灶脚边。
歇了三日看一看,
好像十二月里落雪天。
大茧做得像香橼,
细茧做得像汤圆。
去年采得千斤茧,
今年要采万斤茧。

当家娘娘有主意，
今年要唤做丝娘。
去年唤得张家娘，
今年要唤李家娘。
廿四部丝车排两边，
中央出路泡茶汤。
东边踏出鹦哥叫，
西边踏出凤凰声。
敲落丝车称一称，
车车要称两斤半。
敲落丝车不要卖，
囤到来年菜花黄。
南京客人问得知，
北京客人上门来。
粗丝银子用斛斗，
细丝银子用斗量。
卖丝银子无处去，
买田买地造高厅。
高田买到南山脚，
低田买到太湖边。
来者保你千年富，
去者保你万年兴。

演唱者：沈荣忠

采录者：录　平

附记：《马明王》是杭嘉湖蚕区广为流传的一首祈蚕歌，既祈求马明王保佑蚕花丰收，又兼叙养蚕经过。马明王也有称作马鸣王的。马明王一语，一般认为是古印度梵语"马鸣菩萨"与中国"马头娘"的混合体。关于马明王的身世,还有一种唱述是:"马明王菩萨下凡来,身骑白马坐莲台……爹爹名叫王伯万,母亲堂上柳玉莲,命里算来无儿子,产生三个女裙钗,大姐二姐找夫去,三姐年轻要修仙,一修修到十六岁,十七岁上遭黄泉,三更托梦娘晓得,香火灯烛接连来,……"其出身和故事与"马头娘"神话相似。关于本歌结尾部分,演唱者往往自由发挥,桐乡搜集到的结尾处有以下三句,也颇具特色:"今年蚕花收成好,全靠马明王菩萨上门来,恭喜大发财"。

蚕花歌

十二月十二蚕生日,
家家户户腌蚕种,
有的人家石灰腌,
有的人家盐卤腌,
腌得蚕种绿艳艳。

清明过去谷雨来,
谷雨两边掸花蚕,
买刀新纸褙蚕簹,
拔根鸡毛做蚕掸,
引出乌娘万万千。

百花节令大蚕时,
野菜开花捉头眠,

[清]杨屾《豳风广义》祀先蚕

刺藜花开捉二眠,
楝树花开捉出火,
蔷薇花开捉大眠。

小夫妻俩窃窃语,
"今年眠头做得齐",
"今年的花蚕看得出",
"上年的桑叶正好吃",
"今年看来缺一半!"

连夜开出两只买叶船:
一只开到桐乡县,

一只开到石门湾,
走上岸去问问看,
今朝的桑叶啥价钱?

昨日两块洋钿掯一掯,
今朝一块洋钿掯两掯,
歇隔三日只值一包老烟钿,
来来来,来来来,
你一掯,我一掯。

一掯掯到蚕架边,
蚕娘一看喜心间,
忙用清水洒一遍,
连夜喂足三铺叶,
吃得簟里宝宝韧纤纤。

南山木头北山竹,
平湖芦帘硖石麻,
搭起簇捆像戏台,
东厅要上余杭种,
西厅要上改良种。

八十公公来撒蚕,
七岁孩童端金盘,
上簇好比大节日,
男女老少忙开怀,
上好簇栩不许看。

歇隔三日三夜浪蔟棚，
至亲好友来望蔟头，
前蔟望去千堆雪，
后蔟望去万朵云，
当中横里望去金银满天星。

采把茧子来看一看，
大的做来像鸭蛋，
小的做来像汤团，
放个嘴里咬咬看，
茧子硬得像石卵。

今年的茧子茧衣厚，
采下的茧子要做丝，
出门去请做丝娘，
张村请到张一娘，
李庄请到李二娘。

廿四部丝车排开场，
当中留条送茶道，
缫丝娘娘本领强，
脚踏车轴吱吱响，
金丝银丝像流泉。

敲下新丝三百车，
放到明年茶开花，
一个客商贩不起，
两个客商方开包，

要买七七四十九只大元宝。

铜钿多来派啥用,
先给宝宝盖只绣花厅。
描龙绣凤学飞针,
绣出凤凰展翅飞,
百鸟朝凤满天音。

铜钿多来派啥用?
再给官官造只读书厅,
熟读诗书去赶考,
南场考来南场进,
北场考来北场进。

连中三元得头名,
头名状元封点啥?
封你七省巡按来苏杭,
杀尽那班贪官与污吏,
永保蚕乡百姓得安康。

演唱者:徐振甫

采录者:黄士清　徐俊其

附记:《蚕花歌》原为郊区新篁地区两个皮影戏剧团上演完整本戏后的一支谢幕曲。当地演出皮影戏一般都在每年春节至清明。因是蚕乡,所以要赞蚕花,祝蚕花丰收。

蚕花经

蚕花娘娘能细心,
年年出来讲蚕经,
百年难遇岁朝春,
开新年来换新春。
清明过仔谷雨来,
谷雨三朝掸花蚕。
当家婶婶能點吒,
引出乌娘蛮齐扎。
三日三夜做头眠,
两日两夜做二眠,
大眠做仔好几担。

当家叔叔细心点,
青桑园里转一转。
旧年老叶正好吃,
今年老叶缺一半。
夫妻两个细商量,
连夜要开买叶船,
一只开到桐乡县,
一只开到石门湾。
吃碗茶来敲管烟,
打听老叶啥价钿?

昨日每样挑一肩,
今朝还要贱一点,
几担老叶都装到,
拔起篙子就开船。
摇一橹来挪一挪,
一路摇到石渡边,
毛竹扁担两头尖,
肩肩挑到大门前。
当家婶婶细心点,
搬瓣掌头鞭三鞭。

姑嫂两个来扳叶,
一扳扳到蚕植边。
接连喂了三铺叶,
匾里丝头韧牵牵。
东山木头西山竹,
搭起山棚接连牵。
八十公公来上蚕,
七岁官官掇花盘。
前后厅堂都上到,
灶边还有小伙蚕。

停仔三日望望看,
山头浪茧子白漫漫。
大茧做来像汤团,
小茧做来像佛圆。
夫妻两个细商量,
连夜要唤做丝娘。

旧年唤河南张家娘，

今年要唤河北李三娘。

手段又介好，

工钿又介俏。

廿四部丝车排两廊，

当中出条送茶汤。

顺脚踏来凤凰叫，

继脚踏车鹦哥叫。

敲脱丝来挨到来年桃花红来菜花黄。

南京客人未曾晓得，

北京客人上门来买。

铜钿银子无啥用，

婚男配女买田庄。

高田买到南山脚，

低田买到太湖浪。

演唱者：田去囡

采录者：顾希佳

蚕花书

门前桑叶大得快，

千家万户尽想看。

忙搁起摇车布机，

落蚕户就糊蚕箦。
收蚕收到好日子，
不怕阴阳小疙瘩。
捂蚕子须要小心，
钴得来齐齐扎扎。
连忙去煨足斑糠，
蚕出透不可过夜。
东南风天公最好，
收花蚕早晨到夜。
三脚植中央摆起。
冲火缸就用桑柴。
用火人家忙碌碌，
夜里不用坐起化。
用火看蚕果然快，
九日三眠不觉着。
最怕得天公落雨，
见桑叶采来过夜。
困出火齐齐全全，
捉得出全靠菩萨。
日茫茫西南风起，
空心蚕最怕吹坏。
看蚕娘忙忙碌碌，
蚕植上齐齐扎扎。
东北风吹起连夜雨，
花蚕齐巧眠起拉。
看蚕生活不容易，
提心吊胆过日子。
立夏日西南风起，

连三朝雾露吓煞。
都说道桑叶要贵，
一担叶换担米价。
看花蛋并无商量，
全靠得天地菩萨。
有运气有说有笑，
无运气打算不着。
困大眠东南风起，
一斤捉五斤余外。
常年规矩家家有，
买鱼买肉请菩萨。
五更金鸡叫嘎嘎，
夫妻商量细安排。
到叶行抬头观看，
坐起拉都是买客。
主人说七百连佣，
卖客人争要八百。
三四个人坐啦一道，
就打听别处去买。
端正好洋钿钞票，
圈棚船寻介一只。
连夜开船不耽搁，
摇船都是后生家。

摇一橹来挪一挪，
一路打听问叶价。
闻知着停船上岸，
叶行情日日涨价。

朱介桥话道相巧，
早晨头五百发客。
周王庙话道相巧，
也有话袁化平价。
大河港叶船来去，
硖径头船都挤坏。
海宁城东都采尽，
城西叶采得光塌塌。

买来买去无处买，
长安坝上不停塌，
一班纤背到许村，
投叶行就寻卖客。
主人说七百连佣，
卖客念只要六百。
春河坝连夜就落，
到屋里东方发白。
叶船到连忙上岸，
吃酒饭就打哈哈。
叶贱年成无人要，
叶贵年成无处买。

三朝开体无落脚，
匾头清静好齐扎。
看蚕身撩脚丝起，
看体子铺铺踏踏，
买芦帘蚕炭火盆，
忙端正山棚就搭。

少对手忙忙碌碌，
捉栲子双手乱抓，
大家蚕灶厅上到，
小伙蚕羊棚调排。
前厅后埭都上到，
上得屋里无空埭。

憋山火盆就生着，
吃了早饭憋到夜。
黄昏头憋到明天，
连憋了二日二夜。
开山棚门窗掇落，

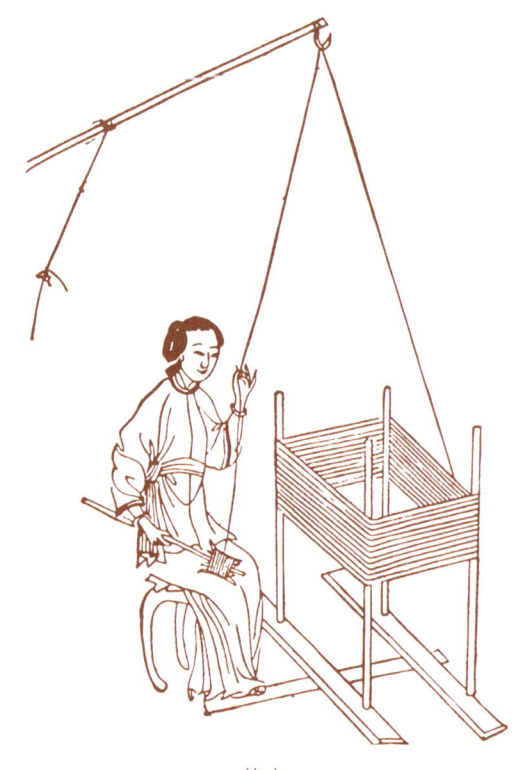

络车

山头上茧子雪白。
客人到欢天喜地,
孙姑娘望望奶奶,
一家门哈哈大笑,
采茧子空头白嚼,
都说今年蛾头短,
沿村去央做丝客。

湖州丝车两边排,
话道平车用不着。
手头勤再无疙瘩。
打结头轻轻脱脱,
搭上去果然手快。
踏班正三寸半把,
踏罗经要踏一石。
踏布经四个半把,
无底面通手好卖。
细丝经足无其数,
粗丝经来做绢着。

上年搁着涨了价,
今年摆到开春卖。
卖丝银锭锭蛮大,
兑铜钿个个托白。
看花蚕一朝发财,
就买田地置四界。
做官好读书辛苦,
看文章起早落夜。

开店好讨债惹厌,
做商客算盘打煞。
种田总要六个月,
日子拖长赶不着。
只有花蚕果然快,
见了如同变戏法。
廿八日花蚕成茧,
做成丝谢谢菩萨。

演唱者: 冯茂章
采录者: 沈明祥

懒蚕娘

清明过时谷雨到,
看蚕娘娘懒惰嫂,
买仔胡桃买黑枣,
青餐鱼,当菜咬,
白米饭,笋汤淘,
一惚困到鸟儿叫,
乌娘头烘得窸窸燥。
男人回来打仔七遭,
逃到娘家,碰到阿嫂。
阿嫂叫侬夫妻两人好好交,

做两个糯米团子斋斋灶,
明年看蚕乖仔好。

抄录者：沈一超，抄自王店镇志材料

渔歌（一）

鳝长鳅短鲶阔嘴，
龟圆鳖扁蟹无头。
一曲渔歌贴浪飞，
十二个月唱到头。

正月鲤鱼讨口采，
跳出龙门好运来！
二月银鱼丝白嫩嫩，
三月三，桃花土鲈上岸滩，
菜花鲫鱼跟着来。

四月白鲢半尺长，
爱搭包头鱼轧闹猛。
五月逆鱼满盆装，
黄鱼蒜头过端阳。
六月浮云餐鱼来聚阵，
小暑黄鳝赛人参。

七月瘟煞草鱼水面躺,
黑鳢头搅子做亲娘。

八月鳜花鱼爱水清,
稻化鳑鲏带犀炖。
九月鳗鲡滚滚壮,
九雌十雄河蟹香。

十月鳊鱼傍芦苇,
大嘴巴鲶鱼吃弯转。
十一月河蚌淤泥里钻,
泥鳅虽滑被鸭吃。

十二月里干鱼荡,
家鱼野鱼齐落网。
雪花飘飘年来到,
鱼米之乡喜气长。

飞鱼

摘自钟伟今主编《湖州风俗志》

渔歌(二)

什么鱼儿过河夸大口?
鲶鱼过河夸大口。
什么鱼儿过河一支枪?
长鱼过河一支枪。
什么鱼儿过河两把剑?
虾子过河两把剑。
什么鱼儿过河八支桨?
螃蟹过河八支桨。

演唱者:袁金荣
采录者:卞玉妹

鱼虾故事歌

苕溪宽,苕溪长,
鱼虾故事有拉水里厢。
驳岸上螺蛳慢慢沿,
想搭只河蚌来成双。
毛脚蟹双眼鼓鼓出,
八脚横行干火旺。

泥鳅一旁偷眼看，
无肚肠弯转不管账，
阔嘴鲶鱼哈哈笑，
黄皮汪丁装死相。
黑漆鲤旁边刁话讲，
硬头颈餐鱼来拆散场！

摘自《湖州风俗志》

渔民苦

困么困在船艄头，
盖么盖点网条头。
吃么吃点臭鱼头，
着么着点破布头。
黄昏做到五更头，
可怜只有一篮头。
碰着渔霸吃拳头，
渔民苦来没活头。

演唱者：褚阿全
采录者：徐春雷

晒鱼网

摇船过太湖

我唱山歌乱说话,
蚌壳里摇船过太湖。
太湖当中央里一支无根芦,
麻雀飞来飞去要搭窝。
搭个窝来多少大?
笆斗大。
生个蛋来多少大?
栳栳大,
放在枇杷篮里望外婆。
外婆有孙摇篮里呜哇呜哇哭,
外孙拍手拍脚抱外婆。

演唱者:沈阿大
采录者:张森生

打鱼歌

大船一开呀是顺风,
我挡舵呀你撑篙。
三蓬扯起顺风飘。
清水等等看,
浑水下网捞。
抬头看到东山上,
路程已开六十里。
下网哎！起！
船板面上雪雪白:
粉红色是鲢鱼,
白呀白是银鱼,
环过来是弯转,
一刀斩是鲚鱼,
一根针是针鱼,
一巴掌是鳊鱼,
打屁股是白鱼,
跳龙门是鲤鱼,
开口大是草鱼,
闭口小是青鱼,
滑里滑跳是鳗鲡,
叽叽喀喀是汪丁,
缺一半孝子鱼,
一支篙来篙子鱼,

全副武装是螃蟹，
十三爿半是乌龟，
尾巴摇来是鳜鱼，
墨黑墨黑是黑鱼，
七灵八巧是螃鲏。

鱼篓

一网打来千千万，
空船出口满船归，
前头打来后头完。

讲唱者：陈长寿
采录者：臧胜泉

谚语类

湖州蚕桑谚

养蚕种地当年发。

四十五天见茧白。

养蚕用白银,种地吃白米。

吃饭靠种田,用钱靠蚕桑。

上半年靠养蚕,下半年靠种田。

养得一季蚕,可抵半年粮。

一年两熟蚕,相抵半年粮。

上半年蚕养田,下半年田养人。

忙过蚕场,有钱栽秧。

秧好半年田,蚕好半年宽。

一缸油盐一缸酱,要靠蚕桑出粮饷。

卖粮挑破肩,不及拎篮茧。

蚕是农家宝,一年开销靠。

吃看田里,着看扁里。

蚕罢买肉吃,田里起身做冬衣。

农家不养蚕,只好去穿棉。

蓬头赤脚养季蚕,光头滑面吃一年。

一年三熟,国余家足。

蚕茧虽小,全身是宝。

男采桑,女养蚕,四十五天就见钱。

蚕花上山四十天。

种竹养鱼千倍利,不及采桑四十天。

勤纺线,懒养蚕,四十二日见大钱。

九蚕十麦。

五茧蚕忙。

清明前后打蚕蚁。

清明焙蚕种,谷雨撞头眠。

十年早蚕九年好。

谷雨不收蚕,夏至不种田。

端午枇杷熟,养蚕忙头落。

养蚕要勤起,养娃要勤洗。

小蚕靠人养,大蚕靠风长。

蚕要朝朝除沙,地要朝朝洒扫。

小蚕得病,老蚕送命。

悠一悠,大一大。

三日三夜拨头眠。

两日两夜拨二眠。

梓树花开捉大眠。

楝树花开捉出火(三眠)。

蚕到出火,凉爽去火。

出火傲来一片皮,大眠眠起来崭崭齐。

捉出火,甩大眠。

人要七长八短,蚕要趟花成片。

麦老　时,蚕老一刻。

蚕熟一昼时,麦熟一场尿。

人老一年,蚕熟一时。

谷雨三朝蚕白头。

小满三日见新茧。

小满三朝丝上行。

育种蚕连

清明孵蚕子，立夏见新丝。

山水不如河水，止水不如流水。

绸缎三分利，床上有棉被；豆腐对半利，困觉盖蓑衣。

抢丝夺麦偷菜子。

皇帝女儿不愁嫁，德清蚕丝不愁卖。

男子十六，扛车掮轴；女子十五，纺纱织布。

男子一手秧，女子一梭布。

迟三年讨老婆，少看十张种。

天不怕，地不怕，单怕头蚕罢。

头蚕罢，二蚕罢，丫头囡儿搭得活白花。

小蚕不吃露水桑，老蚕不吃潮桑叶。

春蚕不吃小满叶，夏蚕不吃小暑叶。

马无夜草无膘，蚕无夜食不长。

宁叫蚕老叶不尽，莫叫叶尽蚕不老。

蚕无牙齿，要吃三间房子。

多吃一口叶，多长一寸丝。

青叶不搭嘴。

桑叶两面青，翻转无情面。

仙人难断桑叶价。

蚕等叶，叶价贵；叶等蚕，叶价贱。

春分前后晴，桑叶加一成。

寒食热，只活叶；寒食寒，只活蚕。

有叶无叶，清明廿日。

清明浓蕻头，饿煞大眠头。

清明一粒谷，看蚕娘娘要哭；清明雀口，看蚕娘娘拍手。

清明热，不活叶；清明寒，不活蚕。

清明晴，桑叶必大剩。

清明上巳晴，桑树挂银瓶；雨打石头斑，桑叶钱家滩；雨打石头流，桑叶娘喂牛；雨打石头偏，桑叶三钱片。

清明白条，桑叶白挑。

二月清明叶等蚕，三月清明蚕等叶。

清明杨花隔港飞，出火蚕无处去买伊；清明杨花着地飞，出火蚕贱得像污泥。

清明午前雨，早蚕熟；午后雨，晚蚕熟；一日雨至夜，早晚蚕俱熟。

清明西北风，养蚕多白空。

谷雨雨稠稠，桑叶好饲牛。

谷雨雨不休，桑叶好饲牛；谷雨树头响，桑叶一斤鲞。

谷雨三日便掸蚕，谷雨十日也不晚。

谷雨二遍蚕，夏至二遍地。

三春有雷响，蚕娘定要僵。

三月里雷声，四月里叶价。

三月初三晴，桑树挂银瓶；三月初三雨，桑叶整台铺。

三月初三起狂风，养蚕小姐一场空。

三月三，云礷礷，背了桑叶回转来。

三月十五晴，桑树底下挂银瓶，三月十五滴一点，桑叶贵于茧；三月十五阴，桑叶一文钱一斤。

三月十五东南风，家家门前养一丛。

三月十六皎皎晴，桑树头上拣人情。

三月十六见青天，看蚕娘娘耍花癫。

三月十六树头响，一斤桑叶一斤鲞。

三月十六晴，桑树卜挂银瓶；三月十六雨，桑叶无人取。

三月十六皎皎晴，桑树头上挂金瓶；三月十六暗闷闷，有叶不开门。

三月二十东南风，家家人家剩一丛。

三月二十东南风，十个蚕房九个空。

三月二十西北风，地上桑叶都吃空。

三月廿六沿山雾，看蚕娘娘寻头路。

立夏三朝雾,桑叶换豆腐。

立夏东南风,家家门前一丛丛。

今朝立夏明朝雨,桑叶甩到牛棚里。

立夏三朝笃笃滴,晚蚕吃不及。

立夏叮咚响,三个铜板买一张。

桑叶逢晚霜,枯凋害蚕郎。

做天难做四月天,蚕要温和麦要寒,种田哥哥要雨水,养蚕婆婆要晴天。

冻煞大眠头,踏断丝车头。

重养蚕,轻培桑,蚕农总要上大当。

要养好蚕先栽桑,要养肥猪先备糠。

养蚕不培桑,等于养猪没有糠。

蚕农不培桑,来年哭一场。

一亩桑园,三亩庄田。

三月思种桑,六月思筑塘。

桑树年年更新,茧产年年上升。

春桑芽

种得一亩桑,可免一家荒。

种桑不看苗,年年无成效。

桑树三年能喂蚕。

囡儿远处嫁,桑树近处种。

多种杉材住高楼,多种桑树穿丝绸。

家有三亩桑,不怕年成荒。

家有三亩桑,钞票用不光。

三亩桑田三亩竹,子子孙孙好享福。

千株桑万株桐,一生一世吃不穷。

栽桑种桐,吃穿不穷。

腊里种桑,好比梦里搬床。

无桑无竹，儿孙要哭。

毁桑造屋，子孙要哭。

老桑发一发，小桑种一百。

若要桑树好，桑地不见草。

宁可垦破桑皮，不可留点生地。

桑田年前冬耕，桑叶肯增三成。

蕴草夹河泥，桑树胀破皮。

冬来捻河泥，桑树胀破皮。

若要桑树兴，多挑田泥多浇粪。

若要桑树好，冬罱河泥夏削草。

人靠蔬菜米饭，桑靠花草河泥。

家不兴，心少齐；桑不兴，少河泥。

千浇万浇，不及秃拳头桑地上一浇。

桑地上粪不墁潭，宁可在粪缸里满。

桑地上羊肥，桑树胀破皮。

若要桑地败，不用绿肥光种麦。

若要桑树败，夏种南瓜冬种麦。

若要桑树败，夹熟黄豆夹熟麦。

水稻怕荒，桑树怕蟥。

人老单怕呛，桑老单怕蟥。

小暑打头蟥，处暑打二蟥。

头蟥蟥小暑，二蟥蟥处暑。

桑蟥到，桑叶俏。

勤三年成桑，懒三年变桩。

种桑三年，采桑一世。

千日田头，一日地头。

桑剪卡卡响，不是肉来就是香。

桑条从小拗，长大拗不屈。

儿女从小管,桑树从小绊。

贱了桑子贵了茧,贵了桑子贱了茧。

桑果打成团,蚕儿正入眠;桑果发了黑,蚕儿已上簇。

四月南风大麦黄,忙过蚕桑又插秧。

嘉兴蚕桑谚

种桑养蚕,不愁吃穿。

蚕是农家宝,一年开销靠。

蚕好钿一年,稻好吃一年。

秧好半年田,蚕好半年钿。

养得一季蚕,可抵半年粮。

上半年靠蚕,下半年靠田。

桑剪呱呱响,不是肉来就是鲞。

蚕茧一熟,粽子裹肉。

二十天春蚕不养,天下第一个懒婆娘。

蚕丝小麦豆铲开,叫化子身边有铜钿。

蚕熟麦收百无忧,黄鱼白肉把客留。

小蚕靠火养,大蚕随风长。

谷雨三朝掸花蚕。

三日三夜拨头眠。

天不怕,地不怕,单怕头蚕罢。

二眠顶重要,宁可不困觉。

两日两夜拨二眠。

楝树花开捉出火。

蚕到出火，凉爽去火。

梓树花开捉大眠。

立夏穿棉袄，蚕娘活倒灶。

春蚕不吃芒种叶。

端午枇杷熟，养蚕忙头落。

蚕熟一时，麦熟一夜。

养鱼防瘟，养蚕防僵。

宁叫蚕老叶不尽，莫叫叶尽蚕不老。

丝车一响，铜钿进账。

桑好半熟蚕。

二月清明叶等蚕，三月清明蚕等叶。

条要青，苗要新。

清明白条，老叶白挑。

清明青条，老叶金条。

清明大日头，饿煞大眼头。

三月二十东南风，十个蚕房九个空。

若要桑树好，桑地不见草。

宁可垦破桑皮，不可留块生地。

冬天河泥挑上地，春天桑树胀破皮。

千浇万浇不及光拳头桑地上一浇。

桑地上羊肥，桑树胀破皮。

浇粪不埋潭，宁可茅坑盘。

种好一亩桑，不怕田里荒。

清明裹眼，一铞一眼。

清明丫鹊口，看蚕娘娘拍手。

谷雨树头响，一瓣桑叶一斤鲞。

立夏嘀嗒响，三斤桑叶换斤鲞。

清明丫鹊口

立夏三朝雾,老叶换豆腐。

夏至西北风,桑叶寻到刺藜蓬。

老桑发一发,赛过小桑种一百。

湖州渔谚

疏鱼密竹,收利方速。

千年草子,万年鱼子。

立春鱼秧放,当年好起荡。

正月十一一点雨,就是一条鱼。

正月十一落落雨,渔船娘娘很欢喜;

正月十一晴,渔船娘娘叩头跪地求神明。

谷雨一点雨,河里一个鱼。

春上打个塘，下年有指望。

一更鲫鱼二更鲤。

水宽养大鱼。

养不住大鱼是水浅。

种竹养鱼千倍利，只怕竹花开，只怕鱼池泛。

鱼在伏里命，人在伏里病。

处暑尾巴白露头，鱼瘟死去无断头。

立夏吹北风，十个鱼塘九个空。

荒年蟹多。

蟹多少，看水草。

蟹大小，看水草。

西风响，蟹脚痒。

秋风起，河蟹肥。

菊花黄，蟹肥壮。

雄蟹舍不得鳌，雌蟹舍不得脐。

九雌十雄。

九月团脐十月尖。

九月雌蟹蟹黄满，十月雄蟹黄油灌。

九月九，蟹篓斗。

蟹立冬，影无踪。

三爪甲鱼四爪鳖，五爪六爪吃不得。

冬鳖夏鳗。

甲鱼吃菱，乌龟闻名。

双带头，五跟上，七种鱼，齐高产。

菜花鳗，樱花鳖。

三月三，鲈鱼上岸滩。

桃花土鲈上岸滩。

四月四，鲈鱼退落水。

土鲈呆登登,自有汆来食。

杨柳花絮飞,鲈鱼性命危。

杨柳青,梅鲚剩条筋。

七月七,梅鲚齐。

梅鲚头上七道篷。

日头落,鲤鱼子出肚。

鲤鱼钻草,人要加衣。

连年大吉

桃子枝头熟,鲢鱼肥胜肉。

五月里虾壳脱,六月里人脱衣。

热天人乘凉,冷天虾沉塘。

黄豆开花,捞鱼摸虾。

六七月里修船,八九月里捉虾。

水底泛青苔,必有大鱼在。

水清无大鱼。

浑水好打鱼。

双手难抲两条鱼。

扳网要水大，捉鱼要水退。

水上闹嬉嬉，黑鱼不冒星。

甲鱼五颗星，黑鱼七颗星，一二三四要分清。

黑鱼听雷声，人要看风驶。

䱥无大小，游来凑巧。

千䱥万䱅，捉不掉一半。

鲤鱼捉也三十六，不捉也三十六。

人心难摸，泥鳅难捉。

太阳落山，田螺摆摊。

杨柳青，断鱼腥。

车一塘鱼，去一仓谷。

学捣网，先捡虾；学撑船，先划桨。

人吃米粽，白鱼来汛。

鲜鱼汤好喝网难抬。

人勤鱼往船里跳，人懒网里鱼往外跳。

春鱼快似箭。

急水好捕鱼。

春风头，踏脚舱，见风下网就是宝。

二月里的夜雨，网船上的饭米。

秋天一网吃一季。

船要逆风开，网要顶风撒。

鱼过千层网，网网还有鱼。

十网九网空，一网就成功。

九十九网空，百网夺头功。

清混两水下网兜，必定大丰收。

顺风张，鱼满舱。

小满牵到小寒停，大寒牵到立冬歇。

穷来只怕老来穷，鱼来只怕进港风。

小鱼惊慌逃，大鱼必来到。

捉鱼离不开小河，卖鱼离不开街头。

盛满舱鱼，穿满身绸。

喊煞老鸦船，摇煞尖网船，冷煞踏网船。

八月水头清，饿捉鱼精。

耕田不离垅头，钓鱼不离滩头。

春钓浅滩，夏钓树荫。

秋钓早晚，冬钓午时。

早钓鱼，夜钓鳝。

钓鱼不钓草，多半是白跑。

早钓鱼，晚钓虾，中午钓个癞蛤蟆。

钓不出格鳗，戳不出个鳖。

钓鱼要稳，打鱼要狠。

线放得长，鱼钓得大。

鱼眼珠不眨，渔民一世不发。

发财不见人影，水凉不见鱼影。

种竹养鱼千倍利。

山管人丁，水管财禄。

若要富，养鱼上下工夫。

谷雨一点雨，河里一条鱼。

立夏吹北风，十个鱼荡九个空。

二月里的夜雨，网船上的饭米。

四、五、六月鱼长壳，八、九、十月鱼长肉。

黄豆开花，捞鱼摸虾。

三月三，桃花土鲈上岸滩。

人冷穿袄，鱼冷穿草。

立夏上江边（指长江采购鱼苗）。

芒种秧（鱼苗）不到家（菱湖）。

鱼莲人碗

鱼面孔上有块无情肉,小鱼小虾逃不脱。

西北黑一黑,七日七夜到湖北(武汉采运鱼苗)。

只有空暴(雷),没有空水。

鱼有鱼路,虾有虾路,泥鳅黄鳝独走一路。

有水皆养鱼。

有水好养鱼,水宽养大鱼。

养鱼要高产,鱼种是基础。

立春鱼秧放,当年好起荡。

子口大规格,老口小型化。

鱼吃百样草,看你找不找。

南荡螺蛳北塘草。

一朝螺蛳一朝饼。

掏火泥,八月泥,荡底翻身鱼儿肥。

养好青草鱼,促进花白鲢,带起鲤鳊鲫。

对青(鱼)对白(鲢),一草(鱼)带三鲢。

养鱼不瘟,富得发昏。

桑尖白,鱼病发。

"条斯"(指二龄青鱼)条条死,"条斯"死死掉荡水。

处暑白露头,鱼瘟死得无断头。

池瘦伤鱼,令生虱。

三分养七分管。

养鱼先养水。

养鱼先防病。

会养鱼,养一年。

种田种到谷进仓,养鱼养到鱼上网。

一控、二足、三灵活、四经常(指投饲)。

一天不吃食,三天不长肉。

穷养鱼,养鱼穷;富养鱼,养鱼富;精养(科学)鱼,越养越富。

水清无大鱼,深水好打鱼。

娃娃抱鱼倚莲

钓不出个鳗,戳不出个鳖。

鱼游顶流,人抢头潮。

急水好捕鱼。

食无鱼,不成席。

三月鲫鱼四月鳊，卖田卖地也要尝。

岂其食鱼，必河之鲂。

太湖白鱼甲天下。

一个鲫鱼头，胜过四两油。

秋尽江南蟹正肥。

九月团鲚十月尖（河蟹）。

撒网要撒迎头网，开船要开顶风船。

部分摘自《湖州风俗志》

嘉兴渔谚

勤扳罾，懒打簖。

立春鱼秧放，当年好起荡。

要吃当年鱼，饵料下得勤。

三月清明鱼如宝，二月清明鱼如草。

四五六月鱼长壳，七八九月鱼长肉。

春头夏尾秋背脊，一到冬天到处肥。

西南风动网，东北风动钓。

割稻要镰，捉鱼要网。

学打网，先拎网；学撑船，先划桨。

罾无大小，游来凑巧。

十网九网空，一网还人工。

张簖要水大，捉鱼要水退。

春钓浅滩，夏钓树荫。

鱼篓

秋钓早晚，寒冬钓午时。

早钓鱼，晚钓虾，中午钓个癞蛤蟆。

寸水养寸鱼，深水养大鱼。

水面有水泡，水下有大鱼。

水底泛青苔，必有大鱼在。

小鱼惊慌逃，大鱼必来到。

西风响，蟹爪痒。

西风起，蟹正肥。

八月河蟹满田爬。

九月雌蟹黄满，十月雄蟹油罐。

秋雾风霜有蟹捉。

时立冬，蟹无踪。

五月虾壳脱。

蚊子甲鱼不值钿，菜花甲鱼值千钿。

甲鱼五颗星，黑鱼七颗星，一二三四要分清。

若要黑鲤头，捉到浜底头。

三月三，鳑鲏上岸滩。

四月四，鲈鱼退落水。

浑水摸大鱼，澄清捉螺蛳。

渔业歇后语

水缸里的鱼——跑不了

水面上的浮萍——不扎根

六月里的鱼汤——不动（冻）

不吃鱼肉吃青菜——各自有心爱

乌龟爬门槛——就看这一番（翻）

乌龟吃大麦——糟蹋粮食

乌龟吃秤砣——铁了心

乌龟吃萤火虫——肚里明白

乌龟拖西瓜——连滚带爬

乌龟垫台——脚硬撑

乌龟笑鳖爬——彼此一样

乌龟遭牛踩——心里疼

寒冬腊月打鱼——-时机不对

毛脚蟹乘飞机——悬空八只脚

大鱼嘴边的虾米——啥时想吃啥时吃

小猫吃小鱼——有头有尾

小孩不识乌龟——何（河）必（鳖）

小沟里刮鱼——段段清

打鱼人回家——不在乎（湖）

出水的虾米——弓腿弯腰

甲鱼生胡子——必（鳖）须

甲鱼唱歌——别（鳖）调

甲鱼吃甲鱼——六亲不认

甲鱼翻筋斗——四脚朝天

蛇吞蛤蟆——慢慢消化

老渔翁钓鱼——坐等

老人吃海蜇——不响

吃咸鱼蘸酱油——多此一举

江中的鲤鱼——油（游）惯了

阴沟里的泥鳅——翻不起大浪

阴沟里的鸭——顾嘴不顾身

买鱼放生——菩萨心肠

冷眼看螃蟹——看你横行

抓住渔船当鞋穿——大手大脚

没腿的螃蟹——横行不了

豆芽炒虾米——两不值（直）

旱地的乌龟——没处逃身

旱鸭子过河——不知深浅

卖鱼人洗澡——去去腥气

卖虾米不拿秤——抓瞎（虾）

鱼荡里下网——多鱼（余）

河豚浮在水面上——气胀鼓鼓

河里的螃蟹——都有家（夹）

田鸡（青蛙）爬木楸——扬（洋）上天

田鸡爬到鞭梢上——经不住摔打

田鸡吞火炭——哑了口

田鸡吃黄蜂——倒挨一锥

炒熟的虾——红人（仁）

姜太公钓鱼——愿者上钩

虾米掉进油锅里——闹了个大红脸

烂鱼肚皮——坏心肠

饿猫鱼——嘴紧

野猫见鲜鱼——馋涎欲滴

渔场起火——枉（网）然（燃）

渔船上的螃蟹——串起来了

黄鳝钻洞——拿手戏

曲鳝（蚯蚓）钓鲤鱼——以小引大

落锅的虾米——还要跳几跳

温汤里煮甲鱼——不死不活

鲤鱼跳龙门——高升

鲤鱼跳龙门

鲤鱼的胡子——没几根

螺蛳壳里玩龙灯——摇不开

螺蛳壳里做道场——摆不开

螃蟹吐沫——没完没了

螃蟹吃高粱——顺杆儿爬

螃蟹夹枣核——奸（尖）人（仁）横行

癞蛤蟆想吃天鹅肉——痴心妄想

癞蛤蟆爬到香炉里——碰一鼻头灰

二斤肉换只虾米——不值

三个指头捏田螺——稳拿

渔业顺口溜

小满来临初开汛，芒种季节噱死鱼。

六月暑天雷雨汛，立秋之时要小心。

最怕七月七巧汛，还怕三十地藏汛。

年轻年重高潮汛，望塘望过重阳汛。

秋拉着，蚊子叫，天闷热，早望塘。

秋夜棉被上身，荡里鱼要起身。

黄梅里雾露闷腾腾，明朝鱼噱混沌沌。

白露身不露，赤膊当猪猡；碰到赤膊天，当心鱼朝大。

鱼荡吃食突然减食，明朝就要起早去看。

地面出汗，水缸生汁，此时此期，慎防浮头。

夏至不过，水头不破；要破水头，先破鱼头。

阴雨连绵，天转冷，投饲施肥要当心。

荡户识得黄梅天，养鱼能得万万千。

三九东风不吹，明年黄梅少雨。

莳里西南，老龙归潭；莳里西北，鱼要上屋。

西南转北，鲶鱼上屋。

黄梅里雾露，无船不能走路。

黄梅早晨北边晴，快点预防没（淹）大群。

莳里西南风，必闻蝉儿鸣。

未闻知了声，防洪不松劲。

桑基鱼塘

头莳西南怕转北,二莳西南望天晴;
三莳还怕末莳雷,听到蝉鸣可放心。

小暑一声雷,黄梅倒转来。

闻到知了声,黄梅即将晴。

荡水满又清,足料饲鱼腹。

蝉儿声声报天晴,荡户到处债主寻。

月息虽要二分四,也要借钱买螺蛳(青鱼爱吃螺蛳)。